# 学生智力游戏

徐井才◎主编

 北京出版集团公司
北京教育出版社

**图书在版编目（CIP）数据**

学生智力游戏/徐井才主编. —北京:北京教育出版社,2012.7
（学生智力大比拼）
ISBN 978 - 7 - 5522 - 0789 - 7

Ⅰ.①学… Ⅱ.①徐… Ⅲ.①智力游戏 - 少儿读物 Ⅳ.①G898.2

中国版本图书馆 CIP 数据核字（2012）第 150386 号

# 学生智力游戏

徐井才　主编

\*

北京出版集团公司
北京教育出版社　出版
（北京北三环中路 6 号）
邮政编码:100120
网址:www.bph.com.cn
北京出版集团公司总发行
全国各地书店经销
永清县晔盛亚胶印有限公司印刷

\*

710×1000　16 开本　14 印张　144000 字
2012 年 7 月第 1 版　2012 年 7 月第 1 次印刷
ISBN 978 - 7 - 5522 - 0789 - 7
定价:29.80 元

# 目 录

## 第四部分 图形迷宫

📋 **第五部分** 趣味故事

第六部分 谜案追踪

## 👓 参考答案

## 第一部分

# 做智力游戏题，

# 让我变得更聪明

## ——让名人现身说法

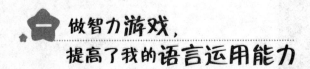

## 一 做智力游戏，
## 提高了我的语言运用能力

语言运用能力，是指学习和获得语言的过程中不断操作和使用语言进行交流的能力。科学研究证明，语言能力特别突出的孩子，往往具备一定的领导能力，善于交际，有号召力，这样的孩子往往更容易被别人认同和接受。小学生的语言运用能力，有一个学习和获得的发展过程，而恰当地开发智力，做智力游戏，能很大程度提高孩子的语言运用能力。

 名人故事

甘罗的父亲在朝当官。一天皇帝把他叫去说："你在朝居官，朕待你如何？"

甘罗的父亲说："皇上待我恩重如山。"

"既然如此，朕让你办点儿私事，你可情愿？"

"只要为皇上，我死都甘心。"

"近来朕得了一种病，非吃公鸡蛋不愈。朕限你在三天之内弄几颗公鸡蛋来，否则罚你一死！"

甘罗的父亲明知无法弄到，但圣命如山倒，只得接受任务。他回到家中，愁眉不展，唉声叹气。十二岁的儿子甘罗便问："父亲今日回到家来，面带忧色，为了何事？"父亲便把事情的经过说了一遍。

"爹爹不必着急，第三天孩儿我去替你交差便是了。"

"公鸡能下蛋？我年岁已高，经事也不少，但真是见所未见，闻所未闻。你年仅十二岁，能有何法？总是一个死，还是我去死好了。"

"请爹爹放心，孩儿我自有办法。"

第三天，甘罗上朝拜见皇上。

皇上问："你父为何今日不来朝见？你一个小小孩童来干何事？"

甘罗不慌不忙地说："拜告圣上，我父昨晚上生了个小孩，不能回朝，特地让我来请假。"

皇上怒气冲冲地说："你简直是胡说！男人怎能生孩子！"

甘罗马上说："既然男人不能生孩子，那公鸡岂能下蛋？"

一句话问得皇上哑口无言，答不上话来。皇上见十二岁的甘罗有胆有识，便当场封他为丞相。

小甘罗面对刁难对答如流，在秦王面前展现了自己的语言智慧，从而小小年纪便当上了一国之相。

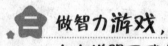

## 做智力游戏，大大增强了我的数学演算能力

数学演算能力，是指学生具有较熟练的演算能力以及解决一些实际问题的能力。科学研究证明，数学演算能力特别突出的孩子，往往具备一定的计算能力和逻辑思维能力，这样的孩子往往更加聪明。小学生的数学演算能力，有一个学习和获得的发展过程，而恰当地开发智力，做智力游戏，能很大程度上提高孩子的数学演算能力。

### 名人故事

西汉时期的孙宝就用他的数学演算能力帮助大家解决了纠纷。有一天，一个卖油炸馓（sǎn）子的小贩在城里被一个农民撞倒了，馓子掉在地上全都摔碎了，不可能再数清究竟有多少个了。农民认赔50个馓子的钱，可卖馓子的小贩坚持说总共有300个馓子。

两人争执不下，围观的人也都束手无策。正在这时，京兆尹孙宝途经此处，听说了这件事。他灵机一动，想出了一个好办法。他叫人去买来一个馓子，称了称这个馓子的重量，同时他又叫人把掉在地上的碎馓子全都收集起来，称出了它们的总重量，这样，他根据摔碎馓子的总重量，除以单个馓子的重量，便得出了被摔碎的馓子的个数。最后，他叫农民按照计算出来的馓子的数目赔钱给小贩。围观的人纷纷称赞孙宝的妙计，卖馓子的小贩也心服口服。

孙宝打破常规地将"计算馓子个数"的问题，转换成了"称馓子总重量"的问题，从而解决了纠纷，得到了人们的赞赏。

## 三 做智力游戏，让我更爱思考钻研问题

智力游戏带有很多的趣味性，孩子可以通过解决不同的趣味问题产生兴趣，从中获得成就感，从而更加喜欢钻研问题。智力游戏是用一种寓教于乐的方式帮助孩子开发大脑智力，培养孩子的独立思考能力。

名人故事

春秋时期，鲁国有个著名的能工巧匠，叫鲁班。相传他发明了很多工具，被后世木匠尊称为"祖师爷"。

鲁班生活的那个年代，还没有伞这种轻便可携（xié）带的遮阳挡雨的用具，因此，人们出行特别不方便。碰上雨天，人们就被淋得湿漉（lù）漉的；大夏天，烈日当空，人们又会被晒得头晕目眩，皮肤黝（yǒu）黑。

为解决这个难题，聪明能干的鲁班设计并建造出一种亭子，可以供行人避雨或乘凉。鲁班办了件好事，大家都很感激

5

第一部分　第二部分　第三部分　第四部分　第五部分　第六部分　参考答案

第一部分

第二部分

第三部分

第四部分

第五部分

第六部分

参考答案

他，但鲁班并不满意，他想："要是雨下个不停，那该怎么办呢？人们总不能老待在亭子里啊。要是能造出一种亭子，可以让人们随身携带就好了!"

为此，鲁班做了很多试验，但都失败了。一天，天气十分炎热，还在冥思苦想的鲁班在荷塘边偶遇几个玩耍的孩子。这几个孩子每人头上都顶了一片荷叶，十分有趣。鲁班笑眯眯地问道："你们为什么都顶着荷叶呀？"其中一个小孩调皮地答道："有了荷叶我们就不怕太阳晒了啊!"真是一语惊醒梦中人，鲁班豁（huò）然开朗，摘了片荷叶兴奋得像个孩子似的跑回了家。

回到家中，他仿照荷叶叶脉的样子，把一根竹子劈成许多根细条扎了个架子，又剪了块圆形的羊皮，蒙在竹架子上，就这样，一把简单的伞完成了。经过鲁班不断地改进和完善，一把把既可挡雨又可防晒，并收放自如、携带方便的伞就问世了。

鲁班根据孩童用荷叶遮阳的原理，造出了可以随身携带的伞，我们不得不佩服他的聪明才智。

鲁班造伞的故事告诉我们：只要心里想着为人们造福，又肯多动脑筋，自然界中常见的事物也会为我们提供灵感。

6

第一部分

第二部分

第三部分

第四部分

第五部分

第六部分

参考答案

## 四 做智力游戏，
### 使我的思维变得更开阔

智力游戏能使孩子既能在一些游戏中体会到无限乐趣，学到很多知识，同时又能使孩子进一步开阔视野、拓宽思路，提高抽象思维能力。做智力游戏，让孩子在游戏中学会积极思考，可有效地帮助孩子提高独立分析问题和解决问题的能力。

### 名人故事

东汉时期，有一位神医名叫华佗。他的身世非常可怜，七岁的时候，父亲就去世了，家里穷得揭不开锅。无能为力的母亲对华佗说："孩子啊，你父亲不在了，我无法养活你。你父亲生前有一个好朋友，就是城里的蔡大夫，你到他那里去学点儿医术，将来既能为别人治病，又能养活咱们娘俩儿，你看行吗？"年幼的华佗点点头，答应了。

华佗来到城里，见到了蔡大夫，并把自己想拜他为师、学医术的想法统统告诉了蔡大夫。蔡大夫仔细打量着华佗，心里想：这个行业不是每个人都能干的。如果收个天资很差的徒弟，将来不但不能救死扶伤，搞不好还会闹出人命。我要先考考他，看一看他是不是学医的料。

想到这里，蔡大夫就对华佗说："桑叶也是一味中药。你看这棵桑树又高又大，最高枝条上的桑叶入药最好，可就是不容易采到。你能采到这棵桑树上最高枝条上的桑叶吗？"华佗抬头看了看这棵桑树，十分自信地回答："这很容易啊！"说完，华佗拿起一根绳子，在绳子的一端拴上了一块小石头，拿起石头向最高的那根树枝轻轻抛去，石头便带着绳子飞向了天空，越过那根树枝后压在了树枝上。带着绳子的石头落在了地上，华佗捡起石头，这时，绳子的两端都在华佗手里了，华佗向下用力一拉，那根柔软的枝条便垂了下来。华佗轻而易举地采到了桑叶。蔡大夫看着这一切，轻轻地点了点头。

正在此时，院子里的两只山羊突然打起架来，谁也没有办法把它们分开。蔡大夫对华佗说："你能把两只小山羊分开吗？"华佗拍拍胸脯说："这更好办！"

说完，华佗便跑到草堆旁，抓了两把绿油油的青草，来到两只小山羊的跟前，晃了晃青草。两只小山羊一看到鲜嫩（nèn）的青草，马上放弃争斗，扭过头吃起了华佗手中的嫩草。

看到这里，蔡大夫觉得华佗很聪明，对他的表现非常满意，就收华佗做了他的徒弟。

事实证明，蔡大夫没看错人，华佗天资聪颖，非常适合学医，并最终成为了东汉末年的神医。

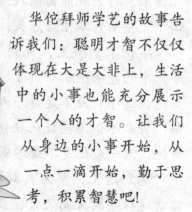

华佗拜师学艺的故事告诉我们：聪明才智不仅仅体现在大是大非上，生活中的小事也能充分展示一个人的才智。让我们从身边的小事开始，从一点一滴开始，勤于思考，积累智慧吧！

# 第二部分

## 掌握五大题型，
## 轻松解答智力游戏题

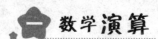

# 一 数学演算

## 小明去农场

小明要到60千米外的农场去，开始他以5千米/时的速度步行，后来有辆速度为18千米/时的拖拉机把他送到了农场，总共用了5.5小时。问：他步行了多远？

此题用方程法解答。

| 第一步 | | 假设小明步行了x千米； |
| --- | --- | --- |
| 第二步 |  | 根据题意，可以列方程 $(60-x) \div 18 + x \div 5 = 5.5$； |
| 第三步 | | 由方程解得x=15（千米）。 |

# 图形综合

经典游戏

## 拼地毯

一家地毯店接到预约，客户预约的是一张铺在三角形房间的地毯,且形状为不等边三角形。但是，店家裁制时竟不小心将布翻成反面来裁剪，请问怎么办？

思路分析

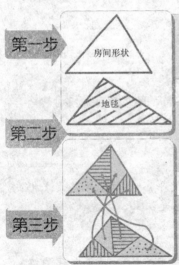

第一步　　首先应该明确，因为是不等边三角形，翻成反面时会变形；

第二步　　只要将翻成反面也不会变形的部分分割成几个等腰三角形，再缝起来即可；

第三步　　要分割成数目最少的等腰三角形，如图所示：只要分割成4片就行了。

第一部分

第二部分

第三部分

第四部分

第五部分

第六部分

参考答案

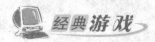 智力推理

 经典游戏

### 检查小球

一家玩具公司生产的一盒玩具球中有4个小球，每个小球都是按照一定标准的重量制造的。在质检过程中，工作人员发现其中一个小球是次品。现在知道那个次品的重量要比其他合格品的重量重一些。

如果让你用天平称量，你知道如何判断哪个小球是次品吗？

思路分析

 第一步 　　调节好天平，在两个托盘中各放一个球；

 第二步 　　如果天平不平衡，那么天平偏向的那边的球是次品；

 第三步 　　如果天平平衡，那么再在两边各放上一个球，天平偏向的那边，后放上去的球是次品。

## ★ 四 一分钟破案

### 隐形谋杀

　　雨后的早晨，家具大亨杰生像往常一样到私家花园里散步。在进花园前，他告诉管家自己要思考一些生意上的事情，不要让别人打扰他。

　　转眼已经是中午时分，杰生还没有出来。管家觉得有点儿不对劲，叫上佣人到花园里察看。他们惊讶地发现，杰生已经死了！他倒在花园中央的草坪上，鲜血浸透了身边的草地，而且脸上的神情十分惊恐。

　　"天啊！老爷这是怎么啦？"佣人震惊得大叫起来，想跑过去察看，但管家一把拉住了他。

　　"我们应当保护现场，先报警！"管家说道。

　　警察们仔细察看，发现杰生已经死去两三个小时了，一把长刀横穿胸部，而雨后松软的草坪上竟然只有杰生自己的脚印！也就是说，可以肯定在这段时间中，只有杰生一个人进入过草坪。因为泥地不同于雪地，大雪会掩盖一段时间前的痕迹，而湿润的泥土只会忠实地记录下一切。

　　"我觉得是自杀。"一个警察认真思考后说道，"如果是他杀的话，那作案的一定是幽灵。因为杰生倒下的地方距离草坪边缘还有5米左右，即便把长刀绑在5米长的棍棒上，凶手的行动也会因此变得十分笨拙，杰生可以轻松地避开。"

　　管家点头同意了警察的分析，他说道："老爷最近在生意上确实不大顺利，老是心事重重。可是，这已经不是他第一次面对困境，我们都认为他完全可以渡过难关，谁知道，他会选择这种方式……"

这时候，福尔摩斯也赶到了。他察看了警察的记录，又仔细看了看那把刀。

这是一把标准的日本武士刀，狭长的刀身没有任何弧度，刀刃锋利。忽然，福尔摩斯注意到刀柄上的护手不见了，刀柄的末端有一个小小的凹槽（cáo），他马上询问道："这段时间草坪附近还有其他人吗？"

"只有这名管家。"迷惑不解的警察回答，"可这关管家什么事呢？"

福尔摩斯站起身，大声说："管家就是凶手！"

你知道福尔摩斯是如何推测的，而管家又是如何行凶的吗？

 **思路分析**

 **第一步**

一把没有弧度的长刀去掉了护手，马上就变成了一支锋利的长箭。我们看到箭都呈流线型，这是因为中间的任何突起都会影响到飞行的速度和方向。

**第二步**

现在，答案就很简单了：凶手成功利用湿润的泥土转移了人们的视线，给警察造成了案发现场没有其他人的假象，然后运用古老的弓箭原理，把长刀当作长箭来使用，射杀了杰生。这也是为什么刀柄的末端有一个小小的凹槽的原因，这是弓弦的固定槽。

**第三步**

管家在附近，有很大的作案嫌疑，况且在发现杰生被杀后，有意的"保护现场"就是制造杰生自杀的假象。

# 第三部分

# 数字王国

## ❶ 奶牛吃草

由于天气逐渐寒冷起来，牧场上的草不仅不生长，反而以固定的速度在减少。已知某块草地上的草可供20头奶牛吃5天，或可供15头奶牛吃6天。

照此计算，可供多少头奶牛吃10天？

## ❷ 各有多少

凯特把家里养的鸡和兔子装在一个笼子里。现在知道鸡的数量和兔子的数量是一样的，又知道把所有鸡腿的数量和所有兔腿的数量加在一起总共是90只。

想一想，凯特把多少只鸡和多少只兔子装进了笼子里。

第一部分

第二部分

第三部分

第四部分

第五部分

第六部分

参考答案

### ❸ 排水管道

市政工程队要铺设一段地下排水管道，长86米。现有3米和5米的两种管子若干，5米长的管子每根8元，3米长的管子每根5元。

想一想，怎样安排使用这两种管子最省钱？

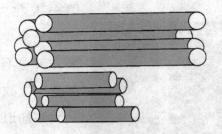

### ❹ 老婆婆卖鸡鸭蛋

一位老婆婆靠卖蛋营生。她每天卖鸡蛋、鸭蛋各30个，其中鸡蛋每3个卖1元钱，鸭蛋每2个卖1元钱，这样一天可以卖得25元钱。忽然有一天，一位路人告诉她把鸡蛋和鸭蛋混在一起每5个卖2元，可以卖得快一些。第二天，老婆婆就尝试着这样做，结果却只卖得了24元。老婆婆很纳闷，蛋没少怎么钱少了1元，这1元钱去哪里了呢？

第一部分

第二部分

第三部分

第四部分

第五部分

第六部分

参考答案

## ❺ 一封军事情报

某军总司令部截获了一份秘密情报。经过初步破译得知，下月初，敌军的3个师团兵将分东西两路再次发动进攻。在东路集结的部队人数为"ETWQ"，从西路进攻的部队人数为"FEFQ"，东西两路总兵力为"AWQQQ"，只知道东

路军人数大于西路军，但到底是多少却无从得知。后来，苦思不得其解的密码竟然被一位数学老师破译了。

你知道这位数学老师是怎么破译的吗？

## ❻ 老　钟

有一台老钟，每小时慢4分钟，3点以前和一只走得很准的手表对过时间，现在这只表正好指在12时，请问老钟还需要走多少分钟才能指在12时？为什么？

18

## 7 总预算

　　某单位召开一次会议，会前制定了费用预算。后来由于会期缩短了3天，因此节省了一些费用，仅伙食费一项就节省了5000元，这笔钱占预算伙食费的 $\frac{2}{3}$，伙食费预算占会议总预算的 $\frac{3}{5}$。

　　问会议的总预算是多少元？

### 对联 小故事

　　解缙（jìn）自幼好学，出口成章。这年春节，他在后门上贴了一副春联："门对千竿竹，家藏万卷书。"对门的员外看了，很不高兴，心想：只有像我这样的人家，才配贴这副对联，于是就命仆人把竹子砍了。不一会儿，家人来报，解缙的春联改成了："门对千竿竹短，家藏万卷书长。"员外听罢，非常恼火，令人把竹子连根挖出，不料解家的春联又改为："门对千竿竹短无，家藏万卷书长有。"

## ⑧ 杯子里的棋子

迈克对约翰说："我能将100枚围棋子装在15个塑料袋里，而且每个袋子里的棋子数目都不相同。"这句话对吗？

## ⑨ 多少人

星星旅行社接了一个很大的旅游团，加上导游小姐共100人。按行程中午在湖边野餐，导游小姐拿出准备好的100份午餐，自己留下1份，然后按大人每人2份，小孩2人1份分下去，正好合适。

你知道这个团里分别有多少大人和多少小孩吗？

## ⑩ 兔子的数量

安娜家养了很多兔子，现在知道，她家有8只灰兔子和1只黑兔子，另外养的白兔子占兔子总数的55％。那么她家一共养了多少只兔子？

## ⑪ 周末生活

周末，六年级（3）班的同学都没在家休息，其中 $\frac{1}{5}$ 去了电影院，$\frac{1}{3}$ 去了公园，这两个数目之差的3倍的同学去了亲戚家，最后还有3个同学去了老师家补习功课。

那么，这个班共有多少个学生？

## ⑫ 参加竞赛

有9个人去参加竞赛，其中参加语文竞赛的有6人，参加数学竞赛的有5人。那么，有几个人既参加语文竞赛又参加数学竞赛？

## ⑬ 数 羊

王小二赶了一群羊在草地上往前走，李蛋牵了一只肥羊紧跟在他的后面，李蛋问王小二："你这群羊有100只吗？"王小二说："如果再有这么一群，再加半群，又加半群的半群，再把你的一只凑进来，才满100只。"

王小二赶的这群羊有多少只？

## ⑭ 你能喝多少瓶汽水

一瓶汽水1元钱，喝完后两个空瓶还可以再换一瓶汽水。假如你有20元钱，那么，你最多能喝多少瓶汽水？

## ⑮ 几只小猫

两只小猫前面有两只小猫，两只小猫后面有两只小猫，两只小猫中间有两只小猫。请问共有几只小猫？

**对联小故事**

从前有个少爷，平日吃喝玩乐，游手好闲，把他父亲留下的遗产都花光了，临近年关，连柴米也没有。除夕夜，这位穷困潦（liáo）倒的少爷写了一副对联自嘲，贴于门口："行节俭事 过淡泊年"。村上有位老学者读后慨叹不已，在对联的联首各加上一字，成了："早行节俭事 免过淡泊年"。

## 16 员工

公司年底举行圣诞派对，汉斯望了望和自己一样站在台上参加演出的同事，对站在旁边的玛丽说："哈，女同事还真不少呢，占了 $\frac{1}{3}$。"玛丽也看了看说："哪有那么多，也就占 $\frac{1}{4}$。"他们都没说错，那么站在台上的到底有多少男员工，多少女员工呢？

## 17 爬楼梯

甲乙两人比赛爬楼梯，甲的速度是乙的2倍，当甲爬到第9层时，乙爬到了第几层？

## ⑱ 钻 石

一位在南美洲淘金的老财主不仅淘到了大量的金子，而且淘到了许多钻石。为了向别人炫耀自己的富有，他决定用自己淘到的钻石镶一个世界上绝无仅有的无价之宝。他决定，第一天从保险柜里取出1颗钻石；第二天，他取出6颗钻石，镶在第一天那颗钻石周围；第三天，在其外围再镶一圈钻石，变成了两圈，每过一天就多一圈且比前一天多6颗，这样做7天之后，他镶成了一个巨大的钻石群。请问这个无价之宝一共有多少颗钻石？

## ⑲ 山洞有多大

工人在山腰挖了一个大洞，洞深10米，宽1.5米，高2米。请问洞里有多少立方米？

第一部分

第二部分

第三部分

第四部分

第五部分

第六部分

参考答案

## ㉟ 猜出新号码

凯特又换了新号码，凯特发现，有3个特点使新号码很好记：首先，原来的号码和新换的号码都是4个数字；其次，新号码正好是原来号码的4倍；再次，原来的号码从后面倒着写正好是新的号码。

所以，她不费劲儿就记住了新号码。那么，她的新号码究竟是多少？

## ㉑ 投资问题

甲、乙两人一起开了一家棉油厂，甲当初投入的资本是乙的15倍。这时丙也要入伙，他拿出了250万元来投资，这时，甲、乙、丙想让他们3个人占有的股份都相等，所以决定将这250万元由甲、乙两人分了。那么，他们该如何分这笔钱呢？

26

## 22 追歹徒

抢劫的歹徒在前面开车疾驶，后面有一辆警车在追赶。如果匪车的速度是每小时65千米，警车的速度是每小时80千米，两车相距1500米，那么，在警车追上匪车的前一分钟，两辆车之间的距离是多少？

## 23 多长时间能完成

有一根棍长80厘米，大卫准备把它锯成20厘米一根，锯一次刚好1分钟，他需要多少分钟才能把它锯完？

第一部分

第二部分

第三部分

第四部分

第五部分

第六部分

参考答案

## 24 爬 山

几个伙伴一起去爬山。王虎说："我是几个人中最高的，比我矮的女生数是男生数的2倍。"张冰说："我是几个人中最矮的，比我高的男生数和女生数相同。"你知道到底有几个男生和几个女生去爬山了吗？

## 25 大闸蟹

王明为出口大闸蟹设计包装。如果大闸蟹成对出售，每一对装一个塑料袋，每两对装一个小盒，每两个小盒装一个中盒，每两个中盒装一个大盒。在4种包装上他应该分别写上几只装？如果有一批大闸蟹，装了大盒再装箱，装箱后剩余一个大盒、一个小盒零一只，一共余下了几只大闸蟹呢？

## 26 分苹果不许切

一个盘子里放着5个苹果，分给5个孩子，每人分1个，但是，还要留1个在盘子里，并且不许把苹果切开来分。这该怎么分呢？

## 27 上楼的时间

唐小清住在大吉大厦的12楼。自从她知道上梯级可锻炼身体后，她便弃电梯不用，而日日走梯级。由一楼走到六楼，小清需用40秒，假设她的步速不变，那么由六楼至十二楼亦只需40秒，但事实并不如此，你知道是什么原因吗？

## 28 梯子有几级

有一座3层的楼房着火了，一个消防员搭了梯子爬到3层楼上去抢救东西。当他爬到梯子正中一级时，2楼的窗口喷出火来，他就往下退了3级。等到火过去，他又爬上7级，这时屋顶上有一块砖掉下来，他又往后退了2级，幸亏砖没有打着他，他又爬了6级。这时他距离最高一层还有3级。那么，这梯子一共有几级？

## 29 能用的子弹

三个猎人到森林里打猎，其中两个人的子弹因沾了水，不能再用，因此三人就平均分配存好的子弹。在每人射击四次后，三人所剩的子弹总数和分配时每人所得的子弹数相等。问分配时共有多少粒能用的子弹？

## 30 巧妙分牛

从前有个农民，他有17头牛。他在临死之前立下遗嘱，要把这17头牛分给他的三个儿子：长子分一半，次子分三分之一，幼子得九分之一。他死后，三个儿子无论怎么分也分不成，结果是一个聪明的邻居帮他们分好了。你知道这位邻居是怎样分的吗？

## 31 猫狗吃肉

狗和猫在树林里举行的运动会上进行200米赛跑，可跑道只有100米，所以跑到100米终点后还需折回来。按规定，谁先跑到200米终点，谁就可以吃掉放在终点线上的一大块肉。当猴子举枪发令以后，猫和狗都想争先吃到香喷喷的肉。狗一步能跑3米，猫一步只能跑2米，但猫比狗灵活，猫跑三步，狗才能跑两步。

你说狗和猫谁能吃到这块肉呢？

第一部分
第二部分
第三部分
第四部分
第五部分
第六部分
参考答案

## 32 蜗牛往上爬

一只蜗牛要从井底爬到井口。每天白天蜗牛要睡觉，晚上才出来活动，一个晚上蜗牛可以向上爬3尺，但是白天睡觉的时候会往下滑2尺，井深10尺，问蜗牛几天可以爬出来？

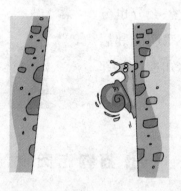

## 33 队伍的长度

红星小学组织学生排成队步行去郊游，每分钟步行60米，队尾的王老师以每分钟步行150米的速度赶到排头，然后立即返回队尾，共用10分钟。请问队伍有多长？

第一部分

第二部分

第三部分

第四部分

第五部分

第六部分

参考答案

## 34 买 羊

两人合养一群羊，共n只。到一定时间后，全部卖出，平均每只羊恰好卖了n元，两人商定平分这些钱。由甲先拿10元，再由乙拿10元，甲再拿10元，乙再拿10元，最后，甲拿过之后，剩余不足10元，由乙拿去。那么甲应该给乙多少钱？

## 35 走全程

甲乙二人分别从相距若干千米的A、B两地同时出发相向而行，相遇后各自继续前进，甲又经1小时到达B地，乙又经4小时到达A地，甲走完全程用了几小时？

## 36 零件加工

王师傅加工一批零件，每天加工20个，可以提前1天完成。工作4天后，由于技术改进，他每天可多加工5个，结果提前3天完成，问这批零件共有多少个？

## 37 公交车的座位

某路公共汽车，包括起点和终点共有15个车站。有一辆车除终点外，每一站上车的乘客中，恰好到以后的每一站都有一位乘客下车，为了使每位乘客都有座位，问这辆公共汽车最少需要有多少个座位？

### 38 配套衣服

某服装厂有甲、乙、丙、丁四个生产组。甲组每天能缝制8件上衣或10条裤子；乙组每天能缝制9件上衣或12条裤子；丙组每天能缝制7件上衣或11条裤子；丁组每天能缝制6件上衣或7条裤子。

现在上衣和裤子要配套缝制（每套为一件上衣和一条裤子），则7天内这四个组最多可以缝制多少套衣服？

### 39 解答难题

甲、乙、丙三个人共解出20道数学题，每人都解出了其中的12道题，每道题都有人解出。只有一人解出的题叫做难题，只有两人解出的题叫做中等题，三人都解出的题叫做容易题，那难题比容易题多出多少题？

第一部分 第二部分 第三部分 第四部分 第五部分 第六部分 参考答案

## ⑩ 猴子抬西瓜

小猴子从300米远的地方往回抬一个大西瓜，需要2个小猴子一起抬，现在由3个小猴子轮流参加抬，请你算一下，每个小猴子抬西瓜平均走了多少米？

## ㊶ 鸡蛋的价钱

"我买鸡蛋时，付给杂货店老板12美分，"一位厨师说道，"但是由于嫌它们太小，我又叫他无偿添加了两只鸡蛋给我。这样一来，每打（12只）鸡蛋的价钱就比当初的要价降低了1美分。"请问这个厨师共买了多少只鸡蛋？

## 42 渡河

有37名战士要渡河，只有一只小船，一次能载5人，需要几次才能渡完？

## 43 篮子里的鸡蛋

往一只篮子里放鸡蛋，假定篮子里的鸡蛋数目每分钟增加一倍，一小时后，篮子满了。请问在什么时候是半篮鸡蛋？

第一部分

第二部分

第三部分

第四部分

第五部分

第六部分

参考答案

## 44 冷饮花了多少钱

一个人在饭店吃中午饭，再加冷饮，共付6元钱，饭钱比冷饮多5元钱，冷饮花了多少钱？

### 对联 小故事

至今为止都不知道是否历史上真有苏小妹其人，可是在对联的世界里，她和她的哥哥苏轼的互以对联嘲讽却十分有名。

如：讽刺哥哥胡须多的一联是：口角几回无觅处忽闻毛里有声传

而哥哥则讽刺妹妹额头高：未出庭前三五步额头先到画堂前

讽刺哥哥脸长：去年一点相思泪至今流不到腮边

讽刺妹妹眼窝太深：几回拭眼深难到留却汪汪两道泉

阿兄门外邀双月，（双月指朋字）

小妹窗前捉半风。（半风是指"虱"字，讽刺小妹绣花像捉虱子）

第四部分

# 图形迷宫

## 1 有趣的折叠

从一张纸上剪下了一个大大的大写字母，然后折叠了一下，就成了下面这个样子。人们自然而然想到这个字母是L，但这并不是剪下的那个字母。你知道那个剪下的字母到底是什么吗？

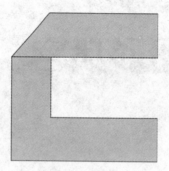

## 2 有向五边形

下面这个图形中，每条边都只能沿一个方向走。你能找出一条可以经过全部5个点的路径吗？

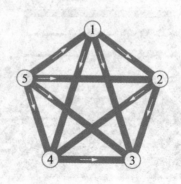

### ❸ 任意组合的项链

23个珠子串成一串项链。你现在要从中取走几个珠子，使截断的项链能重新组成珠子数为1到23中任何一个数的项链。你最少需要取走几个珠子？

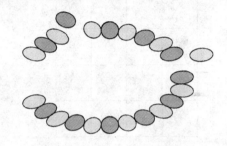

### ❹ 矫正视觉

仔细观察下图，然后做判断：

（1）图中的两个大门一样大吗？

（2）马路与房子的一面平行吗？

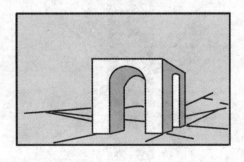

## ❺ 图形填数

下图中的每一种符号均代表一定的数值。请问右侧的问号处应为什么数字？

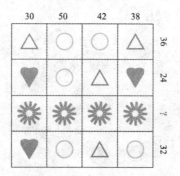

## ❻ 视觉幻象

这个谜题用到了一个有名的视觉幻象。图中只有一支箭尾和箭头是配对的，请你找出来。

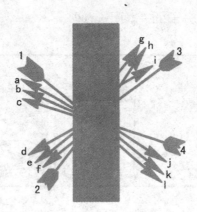

## 7 奇怪的绳子

如图所示，地面并排立着白色和黑色的木杆，有个人用一条细绳拴住两根白木杆，那条绳子却不会碰到黑木杆，也不会松脱。到底是为什么呢？白木杆上先前并没有系上很厚的绳子。

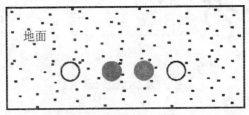

## 8 画图形

下面这6幅中图有一些是可以一笔画出来的，有一些是不能一笔画出来的。你能判断哪些图能一笔画出来，哪些图不能一笔画出来吗？要求是不能重复已画的路线。

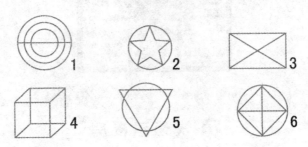

第一部分

第二部分

第三部分

第四部分

第五部分

第六部分

参考答案

## 9 巧裁缝

要把下面的这块布裁成大小和样子相同的5块，应该怎么裁？

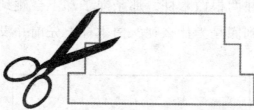

## 10 缺失的点数

你能找出下图中点数的排列规律，并且在缺失的部分填上适当的点数吗？

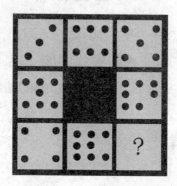

## 11 快速建楼房

你能不能不用任何绘图工具，将下图中的一间平房变成

44

两层高的楼房？

## ⑫ 火柴拼字

请你用 4 根火柴拼成一个"田"字。注意火柴不能折断。

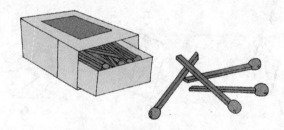

## ⑬ 不合规律的图形

你能找出不符合排列规律的图形吗？

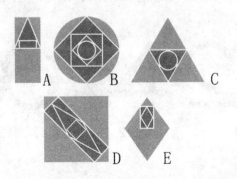

## ⑭ 找出不同

哪一个图形与众不同？

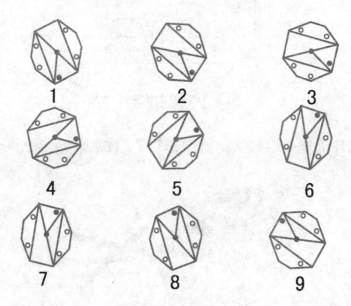

## ⑮ 规律勾勒

下面 3 幅图是按一定规律排列的，请你绘出第四幅图来。

## ⑯ 贪心的老鼠

每间房里都有一块儿点心。一只贪心的老鼠想一次吃完所有的点心后，从A门出来。请问老鼠从1~8中的哪扇门进去，才不会走重复路线（每间房只允许进出各一次，并且不许从同一扇门进去）？帮老鼠想一想该怎么走。

提示：从唯一的出口A门倒着向前寻找路线，这样成功的几率就大一点。

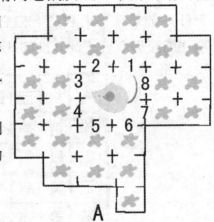

## ⑰ 找出不同

哪幅图形不同于其他4幅？

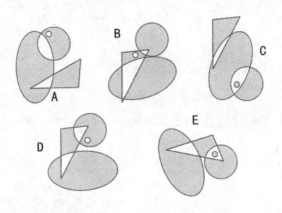

## ⑱ 石碑诗

在湖南桃花源县桃花源遇仙桥头石碑上刻着一首诗，今录于下面图案里。如果按着字样吟读，49个汉字，任你顺吟倒咏，都是读不通它的。但它有一定的规律性，找出规律问题便能迎刃而解。请开动脑筋试读一下。

| 观 | 机 | 而 | 作 | 尽 | 忘 | 机 |
|---|---|---|---|---|---|---|
| 道 | 诗 | 静 | 惟 | 闻 | 钟 | 时 |
| 归 | 赋 | 织 | 女 | 会 | 鼓 | 得 |
| 冠 | 又 | 郎 | 牛 | 佳 | 响 | 到 |
| 黄 | 琴 | 弹 | 底 | 期 | 停 | 桃 |
| 少 | 移 | 斗 | 星 | 觉 | 始 | 源 |
| 棋 | 象 | 下 | 人 | 仙 | 彼 | 洞 |

## ⑲ 打破平行

AB和CD是两条平行线段。如右图所示，在不能变动它们位置的情况下，画上3条线让它们不能平行。应该怎么做？

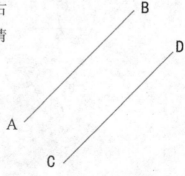

第一部分

第二部分

第三部分

第四部分

第五部分

第六部分

参考答案

## 20 圆圈数量

请认真数一下，图中共有几个圆圈？

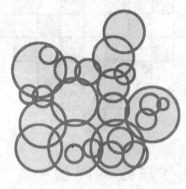

## 21 找不同

有一天，老师让同学们观察下列4个图形，并说出哪个与其他3个不同。你知道是哪一个吗？

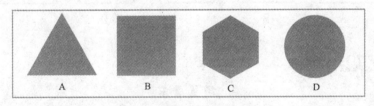

A           B           C           D

## 22 地板砖图形

如图所示，用41块咖啡色和白色相间的砖块可以摆成对角线各为9块地板砖的图形。如果要摆出一个类似的图形，使对角线有19块地板砖，总共需要多少块地板砖？

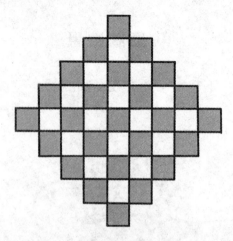

## 23 与众不同的一个

找出下面图形中与众不同的一个。

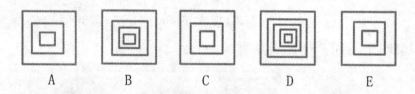

A       B       C       D       E

**对联 小故事**

### 巧骂庸医

有一次纪晓岚得病，因庸医误诊，吃了不少苦头，好了之后，庸医还来求取对联，以显名声。纪晓岚于是把唐朝诗人孟浩然的名句："不才名主弃，多病故人疏"换动了一下变成了一副绝妙的讽刺联：

"不明（名）才主弃，多故病人疏" 医术不高明，所以人们都嫌弃；诊病多出事故，所以被病人疏远。

## 24 7个正六边形

有7张边长10厘米的正六角形纸张。其中一个正六角形的对角线上，正好重叠了另一个正六角形的其中一边，一个个并排下去(只要有在正六角形的对角线上再连接下一个正六角形的其中一边即可，不限制如何放置)。这样排出来的图形周围(下图实线部分)的长度有几厘米呢？

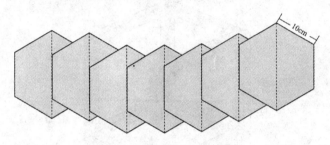

## 25 大小正方形

这里有个大正方形，中间恰好可以放入一个圆形，圆形的中间又正好可以放入一个正方形。此时，大正方形面积为小正方形面积的多少倍？请不要往复杂的计算方向去求数值。

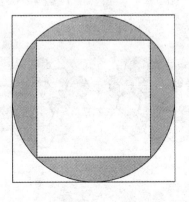

第一部分

第二部分

第三部分

第四部分

第五部分

第六部分

参考答案

## 26 从12到16

相同长度的木棒有12根，如下图一样组成立方体。从前面、侧面、上面来看，全部都是大小相同的正方形。由这3个方向观看，如果只要形状成正方形的话，不需12根而用6根就可以解决。那么，要如何组合这6根木棒呢？

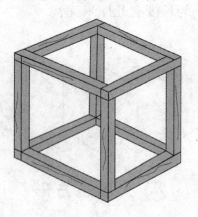

## 27 特别的一个

A、B、C、D 4个图中有一个与其他3个不相同，你能看出来吗？

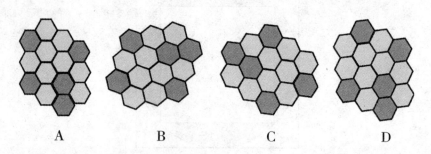

A    B    C    D

第
一
部
分

第
二
部
分

第
三
部
分

第
四
部
分

第
五
部
分

第
六
部
分

参
考
答
案

## 28 找相同

在下面的6幅图形中哪两幅是一模一样的呢?

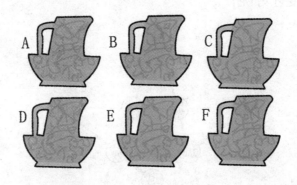

## 29 变成14个三角形

如图所示是由A、B、C、D4个三角形所组成的一个图形。如果让你在图上再增加一个三角形,使最终的图形一共有14个三角形。你该把增加的三角形放在什么位置呢?

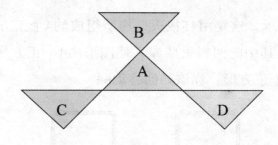

## 30 安全城堡

下图为10座城堡及联结城堡的5座城墙的设计图。在这个设计图内,不管沿着哪个城墙,都会有4座城堡被配置在该直线上，这是国王下的命令。但是不管国王住在哪座城堡，敌人都有可能一口气攻陷城堡。于是，国王与王妃只住当中的两座城堡，并将其重新设计成不穿越城墙就无法靠近的。请问该如何变才好呢？

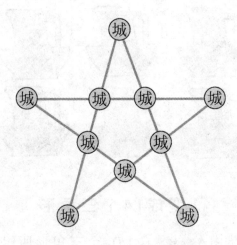

## ③① 巧变正方形

如图所示，这是由15根火柴棒所组成的4个正方形。如果要求你移动其中的两根火柴棒，使图形由4个正方形变成1大5小，一共6个正方形。你该如何移动呢？

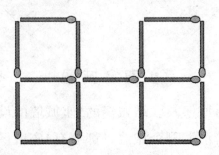

## ③② 玻璃上的弹孔

某寓所发生了一起命案，下图是窗上玻璃被子弹击穿后留下的两个弹孔。你能分辨出哪个弹孔是先射的，哪个是后射的吗？

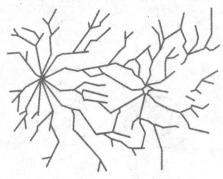

## ③③ 扩大池塘

查理家有一个正方形的池塘，池塘4个角上栽着4棵杨树。要是把池塘的面积扩大一倍，但是仍然保持正方形，且不能移动杨树的位置，请问你有什么好办法吗？

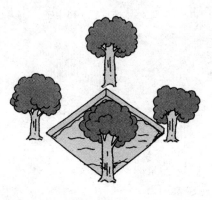

第一部分

第二部分

第三部分

第四部分

第五部分

第六部分

参考答案

## 34 不同的蚊香图案

小明为了对付蚊子，便买了几盘螺旋蚊香。小明把几盘蚊香放在桌子上，发现有一盘蚊香与其他蚊香有所不同，如图所示。

你能迅速地找出与其他蚊香图案不同的那盘蚊香吗？

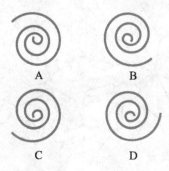

## 35 流动的竖线

如图所示，有很多条靠得很近的竖线，而且高度不断变化，呈现出一种曲线形状，看起来这些竖线似乎在流动一般。

那么，请仔细观察这些竖线，你能看出最长的竖线是哪一条吗？

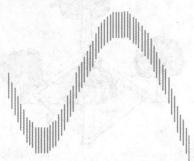

## 36 切木板

　　小明找来一块中央打了一个洞的木板，如下图，他想将这块木板割开，再将它们组合起来，做成调色盘的形状，但是，要调换洞的位置。请问如何切开才好？

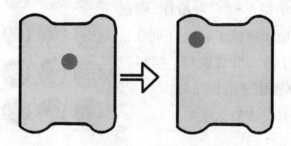

## 37 巧摆圆圈

　　给你10个圆圈，把它们排成5行。现在要求每行有4个圆圈，你能用3种不同的方法分别排出来吗？

### 38 排棋子

小华最近闲得无聊，他的爸爸看到后，便出了一道题目来考他。爸爸用25颗围棋棋子摆出了一个横竖都是5颗棋子的棋子阵，然后对小华说，现在再给你5颗棋子，一共是30颗棋子，允许重叠，要求把这个方阵变成横行、竖行、对角都是6颗棋子的棋子阵。

你知道应该怎么摆吗？

### 39 巧喂鱼

有一个渔民在下边的所有的池塘里都养了鱼，他每天都要给鱼喂食，请你帮他找出最佳的喂鱼路线。

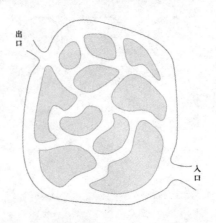

## ㊵ 画三角形

一个人用毛笔画如下图的大三角形。已知他每画一个如下图样子的4个小三角形，需要重新蘸（zhàn）一次墨水，问他画完整个图形需要蘸几次墨水？

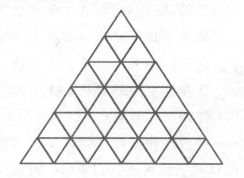

## ㊶ 扑克组合

现有3厘米×4厘米的扑克牌12张，要求用这些扑克牌同时组合出大小不同的多个正方形，并且不能拆扑克，不能重叠扑克，不能有两个以上同样大小的正方形同时存在。

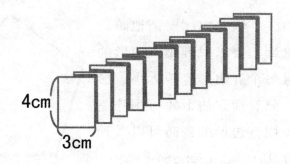

4cm

3cm

## 42 狡诈的首饰匠

从前，有一个贵妇人的脖子上挂着一个特别大的钻石项链。这条项链的挂坠上镶有25颗呈十字架排列的钻石。拥有这件无价之宝的贵妇人平日里最喜欢清点十字架上的钻石，她无论是从上往下数，还是从左往上数或者从右往上数，答案都相同。但是，无意间贵妇人的这3种数法被首饰匠知道了。当贵妇人拿着被首饰匠修理好的挂坠当面清点完回家后，首饰匠正看着手里从挂坠上取下的钻石偷偷地乐。愚昧的贵妇人如果不改变数钻石的方式是永远都不会发现这个秘密的。

你知道首饰匠在哪个地方动了手脚吗？

## 43 铺地板

新建的波尔城堡大厅要铺地砖，可是，主管部门要求只准用五边形的瓷砖，而且每个五边形瓷砖大小、形状要一样，只有铺到边上才可用碎瓷砖。那么，用五边形的瓷砖可以做到把地板铺得没有缝隙（fèng xì）吗？

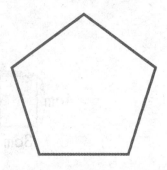

### 44 转　圈

两个圆，半径分别是1和2，小圆在大圆内绕圆周一周，问小圆自身转了几圈？如果在大圆外部，小圆自身转几圈？

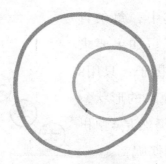

### 45 数字迷宫

你要在这个迷宫中走到标示着"F"的终点，并且你只能直线前进，图中每个格子里面的数字代表下一步你可以走几格。从左上方的"3"处开始，如图所示，走走看。

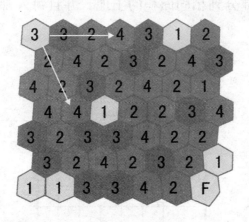

第一部分

第二部分

第三部分

第四部分

第五部分

第六部分

参考答案

### 46 你能按照要求排列吗

如图所示，桌子上有10颗象棋棋子，被摆成了相交于一点的3条直线，其中，每条直线上都有4颗棋子。如果要求你取出其中的2颗棋子，只用8颗棋子仍然摆成原来的形状，同时每条直线上仍然是4颗棋子。你认为该如何摆呢?

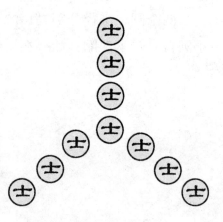

### 47 平分财产

兄弟4人继承了父亲的遗产，遗产共有如图所示的土地、4棵果树和4所房子。遗嘱上注明要公平分配，怎么分才能让4位兄弟每人都分到相同面积的土地，并且每人都有1所房子和1棵果树呢?

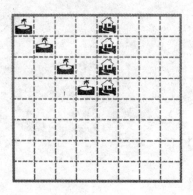

### 48 道路畅通

从A走到B，只能沿着火柴头的方向前进，下图是走不通的。如果可以调转若干根火柴的方向，使道路通畅，最少要移动几根？

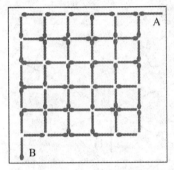

### 49 找出错误图形

如图，从1A到3C的9个小方格中的图形，是由上方A、B、C与左边1、2、3两图相叠加而成的，但其中有一个图形叠加错了，请找出来。

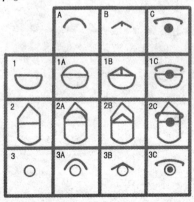

第一部分

第二部分

第三部分

第四部分

第五部分

第六部分

参考答案

## 50 计算距离

在一片平地上，一根高度为10米的木杆和另一根高度为15米的木杆之间有相当的距离。如果从每根木杆的顶点拉一根绳子到另一根木杆的底部，其交点之高为6米，请计算两杆之间的距离。

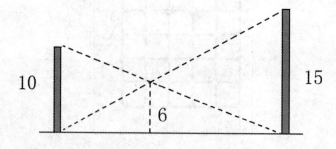

## 51 六分月牙

两条直线可以把状若月牙的图形分为6个部分。你来试试看吧。

## 52 谁的路短

一座小城有许多纵横交错的街巷。A、B两人要从甲处出发步行到乙处，A认为沿城边走路程短些，B认为在城里穿街走巷路程短些。你认为他俩谁的路程短些？

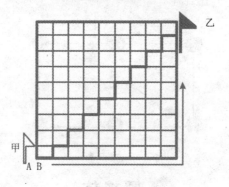

## 53 数字整队

悦撒误入数学王国，被任命为某数学集团军的上尉。现在，他要给手下十几个士兵整队，16个方格已有1、2、3、4四个五边形，要将上面12个图形也排进去，不论横行、竖行或者对角线都不能有相同的数字和图形，该怎么排呢？

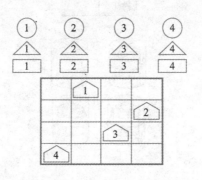

**54 掉落的台球**

假设图中的这枚台球击中了球台边的缓冲橡皮垫，即图中箭头所标示的点位，如果这枚台球仍有动力继续滚动，那么最后它将落入哪个球袋呢？

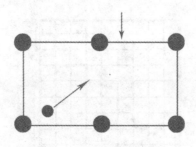

**55 圆柱体**

如果你将下面这个图形卷成一个圆柱体，那么哪一个选项将会是与这个圆柱体相像的呢？

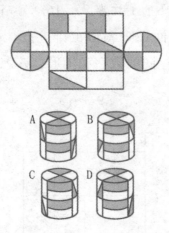

## ㊋ 中国结变红十字

约翰用36根火柴拼成了一个由13个小的正方形组成的类似中国结的图案。约翰让杰克拿走其中的4根，去掉5个正方形，同时保证十字的图案不变。杰克用了很长时间也没有做出，你能帮他完成吗？

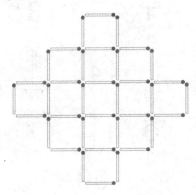

### 对联 小故事

有一次周总理应邀访问苏联。在同赫鲁晓夫会晤（wù）时，批评他在全面推行修正主义政策。狡猾的赫鲁晓夫却不正面回答，而是就当时敏感的阶级出身问题对周总理进行刺激，他说："你批评的很好，但是你应该同意，出身于工人阶级的是我，而你却是出身于资产阶级。"言外之意是指周总理站在资产阶级立场说话。周总理只是停了一会儿，然后平静地回答："是的，赫鲁晓夫同志，但至少我们两个人有一个共同点，那就是我们都背叛了我们各自的阶级。"

第一部分

第二部分

第三部分

第四部分

第五部分

第六部分

参考答案

第一部分

第二部分

第三部分

第四部分

第五部分

第六部分

参考答案

## ⑤⑦ 怎样走才能抵达终点

从三角形出发，并加上沿途经过的数字，你要依照"一个大箭头，两个小箭头"的图形来走，而且相同的路线不能连走两次，要怎样走才能在加到50的同时抵达终点呢？

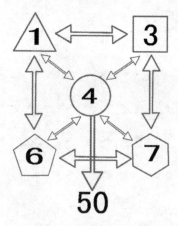

## ⑤⑧ 一次通过

这是一幅旧式洋房的平面图。你能一次通过所有的门，每扇门只能通过一次，最后到达⑧号房间吗？

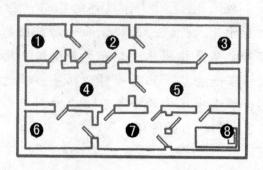

## 59 转动的轮子

如果1号轮子顺时针转动，那么6号轮子该如何转动？

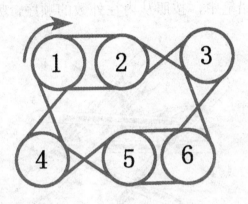

## 60 一笔画图

一笔画完这个方形图，既不能穿过任何一条线，也不能把笔提起。你可以吗？

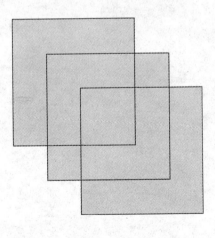

## 61 第三支

在这堆铅笔中，按照从内往外数的顺序，哪一支铅笔是第三支呢？

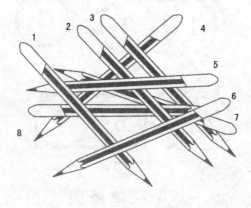

# 第五部分

## 趣味故事

# ❶ 吃李子

明明和小伙伴在捕捉昆虫，忽然看见路旁边有一棵李子树。小伙伴们争相跑去摘，明明却站在那里，一动不动。有

人问他："人家都抢着去摘李子，你为什么不去？"明明说："李子是苦的。"话音刚落，那些摘李子的小伙伴们都离开了李子树往回跑，李子真的是苦的。你知道，明明是怎样知道李子是苦的吗？

# ❷ 死刑犯

行刑官对死刑犯说："你知道我将怎样处决你吗？猜对了，我可以让你死得好受些，给你吃个枪子儿。要是你猜错了，那就对不起了，请你尝尝上绞刑架的滋味。"行刑官想："反正我说了算，说你对你就对，说你错你就错。"没想到由于死刑犯聪明的回答，使得行刑官无法执行死刑，这个死刑犯绝处逢生。你知道这个死刑犯是怎样回答的吗？

### ❸ 风　铃

简是一个喜欢动手的女孩子，她最喜欢做的就是风铃。这一天，她折了6朵风铃花，用一根1米长的绳子每隔0.2米拴1朵正好。现在她不小心用剪刀剪坏了一朵，重新折的话又没有多余的塑料膜了。现在还要求0.2米拴1朵，绳子不能剩。

请问，简该怎么拴？

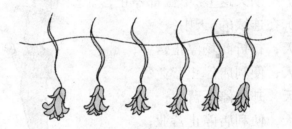

### ❹ 果农过河

有一个果农挑着一担70千克重的苹果去市场上卖，但是他必须经过一条小河，小河上有一座很小的独木桥，小桥离河面只有0.2米，独木桥能承受的重量是80千克，而这个果农的体重已经是70千克了。

请问，这个果农能一次就过河吗？

## ⑤ 特别的城镇

某国有一个城镇里的人特别爱好休闲。这个城镇只有一家便利店、一家打折商场和一家邮局，每星期中只有一天全部开门营业。

（1）每星期这3家单位各开门营业4天。

（2）这3家单位没有一家连续3天开门营业。

（3）星期天这3家单位都停止营业。

（4）在连续的6天中：

第一天，打折商场停止营业；

第二天，便利店停止营业；

第三天，邮局停止营业；

第四天，便利店停止营业；

第五天，打折商场停止营业；

第六天，邮局停止营业。

有一个人初次来到这个城镇，他想在一天之内既去便利店购买东西，又要去打折商场买衣服，还要去邮局寄信。

请问，他该选择星期几出门？

**对联 小故事**

解缙在皇帝身边作侍读，想回乡探亲又不敢说，皇帝看出来，要他对出他的对联就放他假：

十口心思，思妻思子思父母；

解缙悠悠对来：

言身寸谢，谢天谢地谢君王。

## ⑥ 疯狂飙车

　　麦克和杰克两兄弟经常用爸爸买给他们的摩托车进行双人飙（biāo）车比赛，爸爸为此感到头痛不已。有一天，爸爸对他们说："我现在要你们两个进行摩托车比赛，晚到的那辆车的车主就能够获得出海旅游的机会。"爸爸以为这样就可以阻止他们飙车，没想到比赛一开始两兄弟的车速比以前更快了。这是为什么呢？

## ⑦ 高超的画艺

　　古时某地南庄有一位画家，技艺高超，远近名气很大。北庄也有一位画家，对南庄的画家有点儿不服气，总想找机会会一会。一天，北庄这位画家来到南庄画家的院外，向仆人说明要求见他的主人，仆人将他请进院内。只见房门开着，仆人道声："请进！"他用手一掀（xiān）门帘，立即反身就走，嘴里直喊："我服了，我服了。"他为什么服了？

75

## ⑧ 环球旅行

有两个人想从北京出发驾驶飞机环球旅行。一个人说："我向着北方飞行，只要保持方向不变，就一定能保证飞回北京。"另一个人说："我向着南方飞行，只要保持方向不变，也一定能保证飞回北京。"他们说得对吗？

## ⑨ 四个留学生

有四个中国留学生去德国留学，他们在一个可以通行很多种语言的城市中游逛。其中，学生甲会德语和法语；学生乙会罗马尼亚语和日语；学生丙会德语和意大利语；学生丁会拉丁语和西班牙语。这时路边有一个用法语写的旅游指导，学生甲看了后，用德语把内容讲解给丙听。那么，现在知道旅游指导的甲和丙怎么才能把上面的内容讲解给另外两个人呢？

## 10 帽子问题

　　老师把他最得意的3个学生叫到一起，想测测他们的智力。他先让3个学生前后站成一排，然后拿出三白两黑共5顶帽子，让学生看过后把两顶黑帽子藏起来，把3顶白帽子给他们戴上。3个学生都看不见自己戴的帽子，但后边的能看见前边的，前边的看不见后边的。老师让3个学生说出自己戴的帽子的颜色。经过一段时间的思考后，最前边的学生回答说：我戴的是白色的。他是怎么知道的？

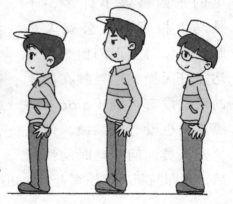

### 对联 小故事

　　上联：水上冰冻，冰积雪，雪上加霜。
　　下联：空中腾雾，雾成云，云开见日。
　　这副对联文才倒好，只是缺少趣味性，故事也很简单，就是明朝一个御（yù）史叫韩公雍的，在南昌查看牢房时，天降大雪，随即灵感一来，出了个上联，可惜下联久久对不出，想啊想，倒被一个死囚犯对出了。于是御史细心地问了一下他的案情，最后发现这竟是一个冤案，是冤案当然要昭雪。最后果然云开见日！这个故事倒可以编出一段苦情剧。

第一部分　第二部分　第三部分　第四部分　第五部分　第六部分　参考答案

## ⑪ 嫌疑犯

一天傍晚，两名驾驶员和仓库保管员一起乘车到仓库领东西，其中一名驾驶员与保管员到库里取东西，另一名驾驶员在门外看车。第二天中午，保管员又到库里付货，发现库里的东西被盗了许多，于是马上报了案。公安人员赶到现场时发现门窗、房顶均完好无损，检查挂在门上的锁也没有被撬（qiào）的痕迹，也没有被调换。但是公安人员询问了当时的情况

后，立即判断出了作案者。你知道作案的人是谁吗？

## ⑫ 好心的赵先生

凯基上了公共汽车，他坐上了最后一个空位置，这时上

来一位老奶奶，站在了他的旁边。通过老奶奶的话，可以知道她距离要下的站还有很远的路程，凯基是一个热心肠的人，但是他没有一点儿想要让座的意思。你知道这到底是怎么回事吗？

## ⑬ 四条狗的对话

杰克家和汤姆家共有4条狗，名字分别是多多、依依、咪咪、汪汪，主人喜欢把它们打扮得漂漂亮亮的。一天，它们说了如下的话，在这些话中，如果关于自己家的话是真实的，那么关于别人家的话就是假的。

穿棕色衣服的狗狗："穿黄色衣服的是多多，穿白色衣服的是依依。"

穿黄色衣服的狗狗："穿白色衣服的是咪咪，穿灰色衣服的是汪汪。"

穿白色衣服的狗狗："穿灰色衣服的是多多。"

穿灰色衣服的狗狗："穿棕色衣服的是多多，穿白色衣服的是汤姆家的。"

请问这4条狗分别是谁家的？

## ⑭ 问什么问题

有A、B两个相邻的国家，A国居民都是诚实的人，B国居民都是骗子。一天，一个智者独自到达这两个国家中的某个国家，他分辨不清这是A国还是B国，只

知道这个国家既有本国人又有别国的来客。他想问这里的人"这里是A国还是B国"，却又无法判断被问者的答案是否正确。智者动脑筋想了一会儿，终于想出一个办法，他只需要问他所遇到的任意一个人一句话，就能从对方的回答里准确无误地判定这是哪个国家。

你知道智者问的是哪个问题吗？

## ⑮ 谁说假话

父亲让两个儿子去田里看西瓜的长势。大儿子回来后说："西瓜长得有碗口那么大。"而小儿子回来后却说："西瓜只有碗底那么大。"

为了验证两个儿子的话，父亲在8天后来到田里，发现西瓜

果然有碗口那么大，他现在知道谁在说假话了。你知道是谁吗？

## ⑯ 喝　水

一个晴朗的午后，一位旅行者不小心迷了路。在一片原始森林里住着一个原始部落，部落里有一些人只说实话，有一些人只说谎话。

旅行者觉得非常口渴，想要一点儿水喝。他走着走着发现前面有一个水桶，于是他随便问了一位村里的人这水可不可以喝。

"今天天气真好啊！"

"是的。"

"这水可以喝吗？"

"是的。"

请问这水到底可不可以喝呢？

第一部分

第二部分

第三部分

第四部分

第五部分

第六部分

参考答案

## ⑰ 谁是智者

甲、乙、丙3个人中，只有一个是智者。他们一起参加了语文和数学两门考试。

甲说："如果我不是智者，我将不能通过语文考试；如果我是智者，我将能通过数学考试。"

乙说："如果我不是智者，我将不能通过数学考试；如果我是智者，我将能通过语文考试。"

丙说："如果我不是智者，我将不能通过语文考试；如果我是智者，我将能通过语文考试。"

考试结束后，证明这3个人说的都是真话，并且智者是3人中唯一通过某门考试的人，也是唯一没有通过另一门考试的人。

你知道这3个人中，谁是智者吗？

### 对联小故事

#### 出句及对句

在对对子活动中，一人先出而请别人对的句子，称为"出句"，其他人应对的句子，称为"对句"。"出句"可以是上联，也可以是下联。"对句"不止一句，可能会有许多句。

## ⑱ 采　花

　　农夫生有3个女儿，这一家常年靠到山上采花为生，碰巧他的3个女儿除了会采花以外，什么都不会。一天，农夫检查她们的采花情况，大女儿说她采了1束花，二女儿说她采了2束花，小女儿说她采了3束花，但她们一共只采了4束花，显然至少有一个人在撒谎。

　　大女儿说："三妹妹一贯都喜欢撒谎。"

　　二女儿说："她们都说了谎。"

　　小女儿说："二姐说谎了。"

　　请问她们各采了多少束花？

## ⑲ 真正的藏宝箱

　　汤姆不仅是个专业小偷，更是一名胆大妄为的冒险分子。有一次，他到德国旅行，途中意外拾获了一份藏宝图，于是，在藏宝图的指引下，他来到了海德堡，并且如愿闯入一个古老而神秘的地窖中。地窖内有两个奇怪的大箱子以及一份布满灰尘的字条。字条上面清楚地写道：我生前所掠夺的宝物都放在其中某个箱子里，但我希望将这些宝贝传给真正有智慧的人——换句话说，阁下若开对箱子，自可满载而归，万一开错了，就得跟我一样，永远长眠于地底下了。

　　汤姆紧接着发现，两个箱子上也分别贴有字条。

　　甲箱："乙箱的字条属实，而且所有的金银财宝都在甲箱内。"

　　乙箱："甲箱的字条是骗人的，而且所有的金银财宝都在甲箱内。"

　　当下，汤姆愣在原地，百思不得其解。然而，问题真有那么难吗？你可否帮汤姆决定打开哪个箱子呢？

## ⑳ 向左向右走

杰克和约翰住在同一个小区里，两人又同在一个学校、一个班级上课，是一对好朋友。但是，每天早晨一起去上学时，他们总是一个向左走，一个向右走，这是怎么回事？

## ㉑ 谁受了伤

卡尔、戈丹、安丁、马扬和兰君都非常喜欢马。一天，他们5个人结伴到马场骑马。不幸的是，他们当中有个人因为马受了惊吓并狂奔起来而受伤。现在请你根据下列情况判断一下，究竟是谁受了伤。A. 卡尔是单身汉。B. 受伤者的妻子是马扬的夫人的妹妹。C. 兰君的妻子的女儿前几天生病住院了。D. 戈丹亲眼目睹了整个事故经过，决定以后再也不骑马了。E.马扬的妻子既没有外甥女也没有侄女。

## ㉒ 糊涂的答案

　　一位驼背的老年人和一位瘸（qué）腿的年轻人路过一个陌生的村庄，对面走来一位中年人。好奇的中年人问年轻人："驼背的老年人是不是你的父亲？"年轻人肯定地回答："是的。"中年人又到前面去问老年人："后面那位瘸腿的年轻人是不是你的儿子？"老年人否定地回答："不是。"中年人有点儿被弄糊涂了，又一次问年轻人："那位驼背的老年人是不是你的亲生父亲？"年轻人仍然肯定地回答："是的。"中年人又一次到前面去问老年人："那位瘸腿的年轻人是不是你的亲生儿子？"老年人同样否定地回答："不是。"但事实上老年人和年轻人说的都是真话。想一想老年人和年轻人到底是什么关系。

### 对联小故事

**集句联**

　　古诗词是我国传统文化中璀璨的明珠，其中蕴藏着大量的对句，这些对句是诗人呕心沥血创作出来的，是诗词中的精华，把它们摘录出来，就可以当作精美的对联。有人还专门从古人的诗词、文章中挑选出有关的句子，重新组合，搭配成对联，这种对联称为"集句联"。

## 23 新 娘

杰克、乔和安迪三兄弟家的隔壁住了路易丝、安娜和简三姐妹。他们彼此都有喜欢的对象，3对恋人决定一起结婚。但他们非常害羞，在说自己的新娘、新郎的时候都故意讲错。

（1）杰克："我要跟路易丝结婚。"

（2）路易丝："我要跟安迪结婚。"

（3）安迪："我要跟简结婚。"

请猜猜谁是谁的新娘。

## 24 坚强的儿子

从前，当罗马城陷入纷乱的时候，有位母亲对想趁着乱世称雄的儿子说："如果你正直，就会被大众所背叛；如果你不正直就会被神遗弃。反正都没有好下场，你就别强出头了。"

这位坚强的儿子不但不放弃，还利用这番话中的盲点说服了他母亲。你知道他是如何反驳的吗？

## 25 老大是谁

警察在车厢里发现一群人赌博，他们是：A、B、C、D。在审问他们谁是老大时，他们的回答却各不相同。

A说："老大是C。"

B说："我不是老大。"

C说："B是老大。"

D说："A是老大。"

经过了解，这一伙人只有一个人说的是实话，其他三人说的都是假话。

警长问他的部下："知道他们中谁是老大吗？"

部下指着一个人说："是他。"

请问你知道他是谁吗？

## 26 如何过河

杰克牵着一只狗和两只小羊回家，路上遇到一条河，没有桥，只有一条小船，并且船很小，他每次只能带一只狗或一只小羊过河。你能帮他想想办法，把狗和小羊都带过河去，又不让狗咬到小羊吗？

## 27 美女的诱惑

一个旅行家遇到了甲、乙、丙3个美女，他不知道哪个是天使，哪个是魔鬼。天使常常说真话，魔鬼只说假话。

甲说："在乙和丙之间，至少有一个是天使。"

乙说："在丙和甲之间，至少有一个是魔鬼。"

丙说："我告诉你正确的消息吧。"

你能判断出有几个天使吗？

## 28 偷钻石

珠宝店一颗贵重的钻石被人偷走了。现场没有任何的指纹，唯一的线索就是小偷用尖利的东西划开了玻璃，从而偷走了里面的钻石。

你知道谁最有可能偷走钻石吗？

## 29 看书的人

有一个人在傍晚看一本很精彩的书，他的妻子困了，就关了电灯。这天没有月亮，所以房间内一片漆黑，但是那个人仍然继续看书。你知道这是怎么回事吗？

## 30 家庭时光

傍晚，一家四口人都待在屋子里面，有一个人在做饭，有一个人在看电视，有一个人在整理房间，有一个人在打电话。现在知道：

（1）父亲没有在打电话，也没有在整理房间；

（2）母亲没有在看电视，也没有在打电话；

（3）儿子没有在打电话，也没有在整理房间；

（4）如果父母都不在看电视，女儿也不在打电话。

由此你能判断出他们分别在做什么吗？

第一部分

第二部分

第三部分

第四部分

第五部分

第六部分

参考答案

## 31 预测机

人工智能专家发明了一个预测机，任何一个人都可以问它：一个小时之内会不会发生某件事？如果预测机预知这件事要发生，就亮绿灯，表示"会"；如果亮红灯，就表示"不会"。这个机器一经推出就受到很多人的欢迎，尤其是警察局的警员，以为这样可以减轻他们的工作量，但只有局长不高兴，因为他知道预测机不可靠，他的担心用一句话就可以验证。

请问，你知道这句话是什么吗？

## 32 存放的地方

法庭上正在审理一个案件。证人说，当时他及时把一个很重要的表单夹在一本书的215和216页之间，表单才得以幸存。这种说法似乎合情合理，但是对方律师很快就指出他作的是伪证。你知道原因是什么吗？

91

### 33 弹钢琴

小浩的手很脏，他要去弹钢琴，但他并没有去洗手，虽然把钢琴弄脏了可却看不出来。这是为什么？

### 34 出国旅行

克里斯和父母一起出国。他们在中途转机的时候，在那个国家停了一段时间，因为他们3个人都不会那个国家的语言，所以出现了一些不便的事情，克里斯的父母显得有些不知所措，但是克里斯并没有什么特别的感觉，也没有感到丝毫的不方便，你知道这是为什么吗？

## 35 反驳的方式

有一群人在聊天，一个人总是喜欢吹牛，他说："我昨天刚发明了一种液体，无论是什么东西，它都可以溶解，这是最好的溶剂了，我明天就要去申请专利，我很快就要发财了。"别的人感觉很惊讶，虽然不信，但是不知道如何反驳。这时，一个小孩子说了一句话，那个人立刻傻眼了，谎言不攻自破。你知道这个小孩子是怎么说的吗？

## 36 后羿射日

让你的朋友把"亮月"这个词迅速说15遍，然后再让他把"月亮"迅速说15遍。等他说完，你马上问他后羿射的是什么，让他迅速回答。

第一部分

第二部分

第三部分

第四部分

第五部分

第六部分

参考答案

## 37 衣着规定

学校的男生宿舍楼前贴了一张关于衣着规定的布告：a.16岁以上的男生才能穿燕尾服；b.15岁以下的男生不准戴大礼帽；c.星期六下午观看棒球比赛的男生必须戴大礼帽，或穿燕尾服，或两者俱全；d.带伴的，或16岁以上的男生，或两者都具备者，不准穿毛衣；e.男生们一定不可以不看球赛和不穿毛衣，或者既不看球赛也不穿毛衣。星期六下午观看棒球比赛的男生的情况如何？

## 38 捉　鸟

小芳在捕鸟时，发现一只小鸟飞进一个小树洞里躲了起来。小树洞很狭窄，手伸不进去，如果用树枝戳的话，又怕会伤害小鸟。你能想一个简便的办法，把小鸟从洞里捉出来吗？

## 39 消失的脚印

在一个没有月亮的傍晚，张先生在海边的沙滩上看到了一个绝色美女，她一个人孤独地、忧伤地走着。张先生对那个女孩儿产生了好奇心，这时

那个女孩儿回头看了一眼，他也顺着那个女孩儿的眼神看着她身后的沙滩，居然没有看到脚印。这是怎么回事呢？

## 40 租房的问题

有一家三口人要去另外一个城市工作，他们要在那个城市租住，但是那个城市游客特别多，所以一时找不到可租的房子。这天，他们总算找到了一个价格合理、条件不错的房子。但是当他们要租住的时候，房东却告诉他们，这房子不租给带着孩子的家庭。丈夫和妻子听了，一时不知如何是

好，于是，他们默默地走开了。这时他们的孩子对房东说了一句话。房东听了之后，高声笑了起来，并把房子租给了他们。你能猜出这个孩子说了什么话吗？

## ㊶ 真假母子

衙（yá）门外传来阵阵鼓击声，包青天细问才知道是两位母亲在争儿子。两个人都振振有词地说孩子是自己的，清楚孩子身上哪个地方有胎记。双方争执不下，很难判断，就来请包青天明察。包青天想：家务事是最难断的，但这两位母亲中肯定有一位是假的，何不想个办法试探一下。你猜包青天想出了什么办法？

## ㊷ 选择建筑师

某国王要修建一座宏伟的宫殿，打算聘请一位主持设计的建筑师。于是，他召集全国著名的建筑师，叫他们自报候选条件，并推荐第二候选人作为自己的助手，国王耐心地倾听每位建筑师的自我介绍。听完以后，国王稍微考虑了一下，就轻而易举地决定了人选。你认为，被选中的建筑师应该是谁？

### 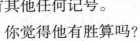 花样扑克

　　有一个人经常玩扑克牌，而且是变着花样地玩。一天，他摆出做了标记的3张扑克，扑克正反面分别画上"√"或"×"。他说他可以把这3张扑克给任何人，在不让他看到的情况下选出一张，放在桌上，朝上的是正面或反面都没有关系。只要他看了朝上那面后，就会猜出朝下的是什么标记。猜对了，请对方给他100元；猜错了，他就给对方200元。扑克上"√"和"×"各占总数的一半，也没有其他任何记号。

　　你觉得他有胜算吗？

### 44 白马王子

　　茜茜公主心目中的白马王子是高鼻子、白皮肤、长相帅气的男士。她认识亚历山大、汤姆、杰克、皮特4位男士，其中只有一位符合她要求的全部条件。

　　(1)4位男士中，只有3人是高鼻子,只有2人是白皮肤，只有1人长相帅气。

第一部分
第二部分
第三部分
第四部分
第五部分
第六部分
参考答案

(2)每位男士都至少符合一个条件。

(3)亚历山大和汤姆都不是白皮肤。

(4)汤姆和杰克鼻子都很高。

(5)杰克和皮特并非都是高鼻子。

请问：谁符合茜茜公主要求的全部条件？

## 45 挖金币

青年杰克手里有一封爷爷的遗书，上面说，20年前，他把很多金币装进壶里藏在了他家后院，把外院的树移栽到埋藏壶的位置处，作为伪装。等他长大了就可以挖出金币。杰克已经18岁了，他觉得自己可以挖出金币了，但是后院栽着9棵树，有白杨、柳树、落叶松等等，金币究竟埋在哪棵树下呢？他想问问邻居，可是，15年前，这里流行霍（huò）乱，镇上的人死了一大半，没人记得他家种树的事。没有办法，杰克打算把全部的树一棵棵砍倒后，再挖掘宝贝，直到找出装金币的壶为止。

他的好朋友——聪明的哈利观察了一下院子里外的环境和树。他发现院子外面和里面比起来，土壤肥沃，阳光充

足。他想了一下，给杰克提议："不需要把每棵树根都挖出来。你只需要把9棵树全部锯倒，这样我可以马上

告诉你哪棵树下埋着壶。"

杰克有些诧异："啊，真的吗？即使不用把树根挖起也能知道？"

"是的，但不要用斧子砍倒，请用锯子整齐地锯断。"

杰克顿时精神倍增，马上拿来大锯开始锯后院的树。只半天工夫，后院的树已全部锯倒了。

哈利聚精会神地比较着一个个剩下的树桩。"对，是这棵，这个树根下埋着装金币的壶，绝对没错。"哈利指着白杨树的树根肯定地说。"好，我相信你的直觉，来，挖吧。"杰克开始用镐挖树根，终于看到一个古老的陶壶。打开壶盖一看，里面满满装着金币。

那么，你能说出哈利是怎样推理的吗？

## 对联小故事

### 对联的分类

一般根据对联的用途，可以将对联分为春联、喜联、寿联、挽联、胜迹联和格言联等。每年除夕前后，为庆贺新春的到来、表达辞旧迎新的祝福而作的对联，叫春联；为祝贺婚嫁、乔迁以及其他喜庆之事而作的对联，叫喜联；为庆贺生日而作的对联，叫寿联；为悼念死者而作的对联，叫挽联；题写在名胜山水、历史遗迹的建筑物上的对联，叫胜迹联；抒写抱负、志向、理想，用以鞭策自己、激励他人的对联，叫格言联。

第一部分

第二部分

第三部分

第四部分

第五部分

第六部分

参考答案

## 46 糊涂的侍者

皇家剧院今晚上演一台著名歌剧，一些绅士们纷纷赶去看演出。9位男士在看戏前将各自的帽子一起交给了侍者，由侍者统一放在衣帽间。而这位糊涂的侍者在将9顶帽子保管时忘记了区分，所以在还给他们时也不知道怎么分别，于是准备每人随意给一顶。请问：正好8个人拿到自己那顶帽子的概率有多少？

## 47 娶妻

有一位商人想要到一个盛产美女的神秘岛上娶一位妻子。岛上的居民不分男女，可分为：永远说真话的君子；

永远撒谎的小人；有时讲真话、有时撒谎的凡夫。商人从甲、乙、丙3个人中选一个做妻子。这3个人中有一个君子，一个小人，一个凡夫，而凡夫是由狐狸变的美女。按照岛上的规定，君子是第一等级，凡夫是第二等级，小人是第三等级。岛上的长老允许商人从3位美女中任选一位，并向她提一个问题，而这个问题只能用"是"或者"不是"来回答。

请问：商人应该问一个什么问题才能保证不会娶到由狐狸变的凡夫呢？

## 48 分粥博弈

有7个人组成了一个小团体共同生活，其中每个人都是平凡而平等的，没有什么凶险祸害之心，但不免自私自利。他们想用非暴力的方式，通过制定制度来解决每天的吃饭问题——要分食一锅粥，但并没有称量用具和有刻度的容器。大家试验了不同的方法，发挥了聪明才智，多次博弈形成了日益完善的制度。大体说来主要有以下几种方法：

方法一：拟定一个人负责分粥事宜；

方法二：大家轮流主持分粥；

方法三：大家选举一个信得过的人主持分粥；

方法四：选举一个分粥委员会和一个监督委员会，形成监督和制约。

你认为这4种方法完善吗？你能想出更好的办法吗？

## 49 鸭子孵蛋

一天晚上，市政府大楼被盗，警局接到报案后，火速赶往现场。经过紧张的现场勘查、询问证人等一系列程序后，他们把怀疑的焦点集中在附近一个农户家里。

警察问农夫："昨天晚上发生的事，你知道吗？"

"知道，就是政府被盗。可我一直在家，没有出去，不能为你们提供更多的线索。"

"你在家干什么？"警察追问。

"我家养的十几只鸭子在孵（fū）蛋，我准备接小鸭子出生。"

你认为农夫的话可信吗？

## 50 怎么寄古画

王老先生珍藏多年的一幅古画被一个国外的商人看中了，他需要邮寄过去，但是古画卷起来的长度是110厘米，而邮寄时要求货物的长度不得超过1米，那么，请你帮王老先生想个办法把古画寄给商人吧！

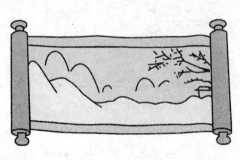

第一部分

第二部分

第三部分

第四部分

第五部分

第六部分

参考答案

## 51 准时轮班

某地底隧（suì）道的工地现场，有60名工作人员轮番施工。因为工地深入地下，完全不见天日，所以无法分辨白天和晚上，而且该地有十分强烈的磁场，任何钟表在此都不好用。按规定，这些工人每隔一小时，就轮替10人到地面上休息。而在这种完全无法计时，又与外界没有任何联系的情况下，这些工人竟然都能分秒不差地轮番交班，这是为什么呢？

## 52 真假古铜镜

小华的爷爷很喜欢收藏古董。有一次，小华跟着爷爷去古玩市场看古董时，看到有个人拿着一面古铜镜叫卖，声称是一件真正的古董。

公元前四十年造

爷爷走过去拿起那面铜镜仔细观察，只见铜镜的一面铸有"公元前四十年造"的字样。爷爷看完后，也不问价钱就直接走了。

小华问爷爷怎么不问价钱，爷爷说，那是假的。那么，你知道小华的爷爷是如何判断古铜镜是假的吗？

## 53 除夕贴对联

除夕家家门外都要贴对联。由于王羲（xī）之的字都好，写了很多副对联都被人取走了，于是他写了一副：

福无双至，祸不单行。

这么不吉利，当然没人敢要了。

岂料快到子时时，他叫儿子献之在后面各添了3个字，遂成妙联一副。你知道他添了哪些字吗？

## 54 吝啬鬼的把戏

有一个吝啬鬼去饭店吃面条，他花1元钱点了一份汤面。面上来后，他又要求更换一碗2元钱的西红柿鸡蛋面。服务员对他说："你还没有付钱呢！"吝啬鬼说："我刚才不是付过了吗？"服务员说："刚才你付的是1元钱，而你吃的这碗面是2元钱的，还差1元钱呢！"吝啬鬼说："不错，我刚才付了1元钱，现在又把值1元钱的面还给你，不是刚好吗？"服务员说："那碗面本来就是店里的呀！"他说："对呀！我不是还给你了吗？"

请问，你可以帮这个服务员辩驳一下吗？

104

## 55 找出口

　　一个顽皮的小孩独自闯入一座迷宫，在里面走了很久，一直没有找到出口，孩子吓坏了。这时，他走到一个路口旁，发现每个路口都写了一句话，第一个路口上写着："这条路通向迷宫的出口。"第二个路口写着："这个路不通向迷宫的出口。"第三个路口上写着："另外两条路口上写的话有一句是真的，一句是假的，我们保证，我上述的话绝不会错。"那么，他应选择哪一条路才能出去呢？

## 56 聪明的探密者

　　有一个又黑又深的洞穴，传说里面藏着稀世珍宝。因此，有一个人非常好奇地前往一探，结果发现洞穴口已经留有许多人进去过的足迹，但是，这个人一看到这些足迹，立刻打消进入洞穴的念头，急急忙忙地转身就走。为什么？

第一部分

第二部分

第三部分

第四部分

第五部分

第六部分

参考答案

## 57 外星人的试验

一天，一个外星人来到了地球。这个名叫埃克斯的外星人有一种特异功能，当任何一个人要从两种可能性中进行选择时，他都可以十分准确地预言究竟会选择哪一个。

埃克斯要在地球上做一个实验。他先制造了两个大箱子：箱子A是透明的，里面总是装着1000元钱；箱子B是不透明的，里面或者装着100万元，或者空着什么也没有装。

埃克斯告诉每一个受试者："你可以有两种选择，一种是拿走两个箱子，得到其中的所有东西，不过，当我预计你会这样做时，我就让箱子B空着，因此，你就只能得到1000元；另一种选择是只拿箱子B，如果我预计你将这样做时，我就在箱子B中放入100万元，你一下子就能成为一个百万富翁了。"

最后，有个男孩决定只拿箱子B。他的理由很明确，他说："我已经看见埃克斯试验了几百次了，每次他都预计对了，凡是拿两个箱子的人，都只能得到1000元。所以我只拿箱子B，就可以获得100万元。"

可是，有个女孩却决定要拿两个箱子。她的理由似乎也很充分，她说："埃克斯已经离开，箱子里的东西不会再变了。箱子B如果是空的，就还是空的；如果它已经有钱，就仍然有钱。所以我要拿两个箱

子。这样可以得到最多的钱。"

现在，请你来回答一下，谁的决定最好。

## 58 谁做的好事

小张、小王、小黄、小新4个小学生，在上学时做了一件好事，老师知道后，问他们是谁做的好事，小张说："是小黄做的好事。"小黄说："小张说的不对。"小王说自己没做好事，而小新却说是小张做的好事。

老师对他们做好事不愿留名的做法十分赞赏，但他知道只有一个同学说的是真话。请问究竟谁说的是真话？又是谁做的好事？

## 59 智取宝石

在一个2米见方的地毯中央有一个竖立的酒瓶，瓶口上放了一颗硕大的宝石，你探腰也不能取到宝石。你能不踩到地毯上去，也不借助于别的工具碰翻酒瓶，就把宝石抓出来吗？

## 60 吃羊的狼

一只干瘦的饿狼在晚上去了一个村庄，它发现有一只肥羊被关在一个铁笼子里。笼子的缝隙正好可以让这只狼钻进去。但是这只狼很聪明，他知道如果它钻进去吃了羊，它的身体胖了就不能从笼子里钻出来了，但是它又不想放弃饱餐一顿的机会。那么，这只狼怎么做才能吃到羊并且可以从容逃脱呢？

## 61 遗产怎么分

一位寡妇要把她丈夫遗留下来的3500元遗产同她刚生产的孩子一起分配。如果生的是儿子，那么按照当时的法律，母亲就应该分得儿子份额的一半；如果生的是女儿，母亲就应该分得女儿份额的两倍。可是如果是一对双胞胎——一男一女呢？遗产又该怎么分？这个问题把律师给难倒了。聪明的你知道遗产该怎么分吗？

## 62 最安全的位置

一艘海盗船上有600人，暴风雨肆虐（nüè），船出了问题，首领下令减少船上的人数，于是让600名海盗站成一排，报数，每次报到奇数的人都会被扔下海。有一个聪明的海盗站在了一个最安全的位置，你知道他站在哪里了吗？

第一部分
第二部分
第三部分
第四部分
第五部分
第六部分
参考答案

## 63 三个人住旅馆

有3个人去住旅馆，住3间房，每间房10美元，于是他们一共付给老板30美元。第二天，老板觉得3间房只需要25美元就够了，于是叫小弟退回5美元给3位客人。谁知小弟贪心，只退回他们每人1美元，自己偷偷拿了2美元，这样就等于那3位客人每人花了9美元，于是3个人一共花了27美元，再加上小弟独吞的2美元，总共是29美元。可是当初他们3个人一共付了30美元，那么还有1美元在哪儿呢？

## 64 科学家理发

一位科学家来到一个小镇，他发现镇上只有两位理发师，每人各有自己的理发店。他走进一家理发店，一眼就看出它非常脏，理发师本人衣着不整，而且头发凌乱，这说明这个理发师理得很蹩脚。再看另一家理发店，店面崭新，理发师的胡子刚刮过，而且头发修剪得非常好。科学家稍作思考，便返回了第一家理发店。你猜这是为什么？

## 65 问题手表

　　麦克买了一块新手表。他与家中的大挂钟的时间做了一个对照，发现新手表每天比大挂钟慢3分钟。后来，他又将大挂钟与电视的标准时间做了一个对照，刚好大挂钟每天比电视快3分钟。于是，他认为新手表的时间是标准的。下面几个评价中，哪一个是正确的？

　　A.由于新手表比大挂钟慢3分钟，而大挂钟又比标准时间快3分钟，所以，麦克的推断是正确的，他新手表上的时间是标准的。

　　B.新手表当然是标准的，因此，麦克的推断是正确的。

　　C.麦克不应该拿他的新手表与大挂钟对照，而应该直接与电视上的标准时间对照。所以，麦克的推断是错误的。

　　D.麦克的新手表比大挂钟慢3分钟，是不标准的3分钟；而大挂钟比标准时间快3分钟，是标准的3分钟。这两种"3分钟"不是一样的，因此，麦克的推断是错误的。

　　E.无法判断麦克的推断正确与否。

## 66 烦人的狗叫声

有个富翁的两边邻居各养了一条狗，每到夜晚就互相吠（fèi）叫，吵得富翁不能成眠。忍无可忍之下，富翁各给了两边邻居一大笔钱，请他们搬家。这两位邻居的确带着自己的狗搬了家，但是一到晚上，富翁又听到了相同的狗叫声，为什么呢？

## 67 历史名人

小方把一条毛巾和一些围棋棋子放到桌子上，对伙伴们说："谁能利用毛巾和棋子做一个动作，猜一位家喻户晓的历史名人？"这个谜语似乎有点儿难度，大家一时都被卡住了。过了一会儿，小圆走上台来，只见他把黑色棋子一一拣出，放到手巾上，包好。就这么一个简单的动作，却正好猜中了谜底。

你能猜出这个谜底吗？

112

第一部分

第二部分

第三部分

第四部分

第五部分

第六部分

参考答案

## 68 三个农夫和土豆

3个农夫住进一家旅店，关照店主给他们煮些土豆，然后，就去睡了。店主煮熟了土豆，没有叫醒他们，而是把一盆土豆放在桌上就走了。一个农夫醒了，看见桌上的土豆，他数了数，拿出 $\frac{1}{3}$ 吃了，然后接着睡了。过了一会儿，另一个农夫醒了，他不知道已经有一个同伴吃掉了一份，所以，他数了数盆里的土豆，吃了 $\frac{1}{3}$，又睡了。接着，第三个农夫也醒来了，他以为他是第一个醒来的，数了数盆里的土豆，吃了其中的 $\frac{1}{3}$。

就在这时候，他的两个同伴也都睡醒了，看见盆里还剩8个土豆，于是，各人都把事情作了说明。

请你计算一下，店主一共拿来了多少个土豆？已经吃掉了多少个土豆？每个人还应该吃多少个土豆，才能使3个人吃得一样多？

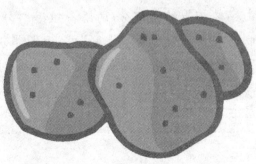

113

## 69 列等式

吉姆和薇安是一对数学迷恋人，他们经常互相出题来考对方。在一次约会的时候，薇安又给吉姆出了一道难题，并且说只要吉姆能够回答得出来，她便跟他回家去见他的父母。问题是这样

的：如果有1、2、3、4四个数，列出式子3×4=12；如果有1、2、3、4、5五个数，列出式子13×4=52。从例子中可看出，等式把所有的数都用上了。依此类推，用1～6、1～8、1～9和0～9这些连续的数各组成等式。

结果，聪明的吉姆第二天就带着美丽的薇安回家去和父母共进晚餐了。

那么，你知道答案是什么吗？

### 对联 小故事

#### 对联的构成

对联由字数相等的两部分(词语、短语、句子或段落)组成。对联的前半部分称为"上联"，后半部分称为"下联"，上下联合起来称为一副对联，"副"是对联的专用量词。横写时，上联在上，下联在下；竖写及张贴、悬挂时，上联居右，下联居左。

## 70 蚊子搞沉大型油轮

一艘大型油轮在太平洋上航行，当油轮航行到一个海湾时，黑压压的大片蚊子扑向油轮。甲板上黑糊糊的一层蚊子嗡嗡叫着，声音超过了油轮的轰鸣声。船员们千方百计驱赶这群蚊子，但总是难以奏效。最后，巨大的油轮被小小的蚊子搞沉了。

你知道这是什么原因吗？

## 71 小鸟放在瓶里

兰兰总是拿着家里的秤玩来玩去，不停地问这问那，总要妈妈称她，看她每天能长多少。有一天，妈妈手里捧着一只长玻璃瓶，对兰兰说："你想一想，假如有一只小鸟放在这只瓶子里，现在妈妈把这瓶子放到秤上称，小鸟却在瓶里飞，称的重量会有变化吗？"兰兰一时回答不上来。

请你帮兰兰想一想。

## 72 奇瓶的容积

在一次试验课上，老师拿着一个奇形的瓶，他要求同学们以最快的速度算出这个瓶子的容积。同学们都争着为瓶子测量周长、直径等，忙忙碌碌地演算起来。小聪却拿起这个奇怪的瓶子，他并没有用笔演算，就得出了这个瓶子非常精确的容积，他的方法令老师和同学们大为惊讶。

请问，小聪用的是什么方法？

## 73 司机的难题

有个司机开着车去办事，半路上忽然有一个轮胎爆（bào）了。当他把轮胎上的螺（luó）丝拆下来，准备换备用轮胎时，不小心把4个螺丝踢进了下水道。他没有备用的螺丝急得满头大汗。这时，有个热心的年轻人路过这里看到这番情况，只说几句话就帮助司机解决了问题，没过多久，司机又开车上路了，你知道年轻人想出了什么样的妙计吗？

## 74 爱面子的国王

从前有一位国王，不幸天生残疾，独手独眼还断了一条腿。他见历代国王都有画像流传，也想为自己画一幅肖像画。大臣得知他的心思，就请来全国最好的画家为他作画。这位画家原原本本地照着国王的样子画好了画，不料国王看后勃然大怒，喝道："你把我画得这么丑，这副样子怎么供后人瞻（zhān）仰？"于是，他下令杀了这位可怜的画家。

大臣又请来一位画家为国王作画。这位画家害怕被杀，就把国王画得完美无缺。可是国王看后更生气了："画上的人不是我，你在讽刺我！"说完，他又传令把这位画家也杀了。

第三位画家怎么办呢？写实派的被杀了，完美派的也被杀了。快帮他出个主意吧！

第一部分

第二部分

第三部分

第四部分

第五部分

第六部分

参考答案

第一部分

第二部分

第三部分

第四部分

第五部分

第六部分

参考答案

## 75 卖木梳给和尚

有一家企业打算招聘一位有能力的销售主管。面对一群应聘者，主考官出了一道实践性的考题——让他们将木梳推销给和尚。

大多数应聘者感觉受到了愚（yú）弄，纷纷拂袖而去。只有3个人没有离开，他们带着木梳真的去寺庙里推销了。

第一个人见到了和尚，却怎么也说服不了和尚购买木梳，结果一把都没卖出去。第二个人对和尚说："木梳不光有梳头发的功能，而且在头皮上常常梳理还能起到活血健身的作用。"结果他卖出去十多把。第三个人来到寺庙里，不但把带去的木梳全部卖了出去，而且回来后公司还源源不断地接到和尚们的订单。

你知道他是怎么做到的吗？

## 76 打乒乓球

小云一直吵着让哥哥陪她去打乒乓球。哥哥本不想去，被她缠不过，就想出一个办法骗她说："我在口袋里放上一黄一白两个乒乓球，你要是摸中白的我就带你去，若是摸到黄的就不去。"小云只好答应了。可是在哥哥放球的时候，小云偷偷看到哥哥放了两个黄色的球在口袋里。这样的话，小云不管怎么摸都会摸到黄色的球。

你快想个办法帮帮小云吧！

## 77 有效的告示

来动物园狮虎山的游客经常往老虎洞里扔东西，这让管理员很伤脑筋，他写了好多"禁止扔东西"的标语，但是收效甚微。后来他想出了个绝妙的主意，又写了一条标语贴在显要位置上。果然，自那之后再也没人向老虎洞里扔东西了。

你能猜出这条标语是什么吗？

第一部分　第二部分　第三部分　第四部分　第五部分　第六部分　参考答案

## 78 区分3只碗

　　某公司的3个人各有一只碗，除碗底各自有不同的图案外，颜色大小完全相同，每只碗都能装3杯水。一天早上，3个人同去食堂吃饭，每人打了两杯豆浆装在碗里。当他们把盛豆浆的碗端到桌子上后却把碗弄混了，即使倾斜碗中的豆浆也看不到碗底的图案。

　　你能在不将豆浆倒到另外容器的情况下，将这3只碗区分开吗？

### 对联 小故事

#### 明王明不明贤后贤非贤

　　这副对联据说是朱元璋的太子太傅所作，而之前还有两副对联，不过都不及这副有意思。一天，皇太子不服管教，被太傅责打，朱元璋知道后，一气之下便将太傅关进牢里。这件事被大脚马皇后知道后，劝解皇帝，朱元璋也倒知错能改，当下便将太傅放了出来。于是太傅便作了这一副对联呈上。朱元璋一看又发了火，太傅赶快念到："明王明不？明！贤后贤非？贤！"朱元璋这才又转怒为喜。

## 79 醒着和睡着

　　小晶晶与妈妈一起睡觉，她总是睡不着，缠着要妈妈讲故事给她听。妈妈说："每天晚上都讲故事，故事都讲完了，妈妈就给你出个思考题吧!"小晶晶点着头说："好好好，我就喜欢思考题。"妈妈说："你认真想一想，从你出生到现在，你睡着的次数和醒来的次数哪个多一些? 多多少次? "小晶晶想着想着，就迷迷糊糊地睡着了。

　　小朋友，请你替小晶晶回答这个问题吧。

## 80 挡路的石头

　　林间小路上有一块大石头把整条路都挡住了，来来往往很不方便，小熊、大象都去推，可是谁都推不动。动物们用绳子套住石头，大家一齐用力拉，可是绳子拉断了，大石头仍然纹丝不动。最后，一只猴子想出了一个好办法，终于让大石头搬了家。

　　猴子想出了什么办法呢?

121

## 81 狭路相逢

　　在一条只能容纳一辆汽车的小路上，两辆相对行驶的汽车相遇了，由于双方都没有地方可以避让对方，两位司机都停在那儿犯起难来。这时他们发现在两辆车中间有一个小胡同可以容下一辆车，可以让一辆车先开进胡同里，另一辆车就可以通过了。可是胡同里有个碍事的大木架。如果把木架移出来，又会挡在小路上，还是不能通过。两位司机经过研究后，终于想出了一个好办法，最后他们都顺利地通过了这个地段。

　　你知道他们想出了什么办法吗？

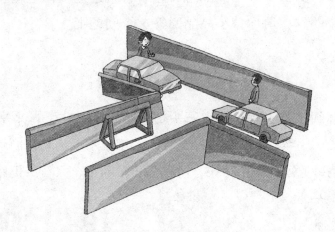

第六部分

# 谜案追踪

# ❶ 音乐会上的阴谋

直到音乐会开幕的当晚，格雷对他的两个得意门生巴蒂和埃利谁将首次登台独奏小提琴仍然犹豫不决。开幕前15分钟，他告知巴蒂准备出场演奏，然后将这个决定告知埃利，埃利感到很遗憾。

10分钟之后，格雷去叫巴蒂准备出场，却发现巴蒂倒在小小的化妆间，头部中弹，血流满地。格雷慌忙敲开舞台侧门，将这一惨案报告尼克探长。

探长见开场时间已到，就极力劝格雷先别声张，继续演出，然后他走进了埃利的化妆室。埃利听到最后决定让他登台时，没有询问情由，便拉拉领带，拿起琴和弓，随格雷登台了。

当听众如痴如醉地沉浸在优美的乐曲中时，尼克探长却拿起电话通知警察前来逮捕这位初露头角的小提琴手。

你知道尼克探长为什么要逮捕埃利吗？

第一部分

第二部分

第三部分

第四部分

第五部分

第六部分

参考答案

## ② 判断凶杀案现场

一位评论家的仆人早上打扫卫生时，发现他的主人胸部中了两枪，倒地而亡。亨利探长在现场了解情况，鉴定人员告诉他死亡时间确定为昨晚22点左右。正在鉴定人员答话时，挂在书房墙上的鸽子报时钟"咕咕咕"地响了，挂钟里的鸽子从小窗里探出头报10点。鉴定人员到达现场时录音机正开着录音，磁带所录的是昨晚22时10分结束的巨人队和步行者队决赛的比赛情况。鉴定人员按下了录音机的放音键，里面传出了比赛实况的转播声。亨利探长一边看手表一边听着，然后他肯定地说受害人不是在这个书房而是在别处被杀的，这里是被伪装的杀人现场。

请问，亨利探长是根据什么来判断的？

### ❸ 多少枚钻戒

4位天使手上都戴着1枚以上的钻戒，4人的钻戒总数是10枚。她们说的话不都是真话，另外，有2枚钻戒的人可能存在2人以上。

丽丽："艾艾和拉拉的钻戒总数为5。"

艾艾："拉拉和米米的钻戒总数为5。"

拉拉："米米和丽丽的钻戒总数为5。"

米米："丽丽和艾艾的钻戒总数为4。"

请问，她们每个人的手上各戴有多少枚钻戒？

**对联小故事**

秀才进京赶考，盘缠用尽，店老板要他对出对联就可以免费，见秀才吃的是米粉，出：八刀分米粉；秀才对：千里重（中）金锺。（中金锺是上榜之意。锺是钟的古体）

这是一副拆字谜，自己慢慢看吧。

# ④ 谁害了富翁

4个嫌疑人在传讯前共同商定，每人向警方提供的供词条条都是谎言。这几个人所提供的供词是：

马克："我们4个人谁也没有杀害富翁。我离开富翁寓所的时候，他还活着。"

莱特："我是第二个去富翁寓所的。我到达富翁寓所的时候，人已经死了。"

汉斯："我是第三个去富翁寓所的。我离开富翁寓所的时候，人还活着。"

汤姆："凶手不是在我去之后离开的。我到达的时候，人已经死了。"

你知道这4个人中谁是杀人凶手吗？

## 5 不打自招的凶手

有一位作家，在晚上写小说时，被人用棒球的球棒从背后击毙。当时，书桌上的一盏台灯亮着，窗户紧闭。

报案的是住在对面公寓里的张某。他向赶到现场的警方所作的说明是这样的："当我从房间向外看时，无意间发现作家先生书房的窗口有个影子高举着木棍。我感觉不妙，所以赶紧给你们打电话。"

但聪明的刑警听了以后却说："你说谎！你就是凶手！"说罢便将张某逮捕归案。

张某说谎的证据在哪里？

你就是凶手！

# ⑥ 离奇的命案

　　在海边沙滩上发生了一桩离奇的命案当莫斯探长赶到现场侦查时，发现死者在沙滩上被人用太阳伞尖刺毙，沙滩上除了死者的脚印和那些东倒西歪的桌椅外，再也找不到第二个人的足迹。那凶手是怎样逃走的呢？探长深思了一会儿后说："我知道谁是凶手了。"

　　你知道凶手是谁吗？

第一部分

第二部分

第三部分

第四部分

第五部分

第六部分

参考答案

## ⑦ 酒店挟持案

杰克在金冠大酒店被歹徒挟持了，歹徒逼迫他给家里报平安。杰克的电话内容是这样的：

"亲爱的罗莎，你好吗？我是杰克，昨晚不舒服，不能陪你去夜总会，现在好多了，多亏金冠大酒店经理送的特效药。我的车坏了，虽然人不能和你在一起，但请你放心，我很快就会来到你身边。"

可是5分钟后，警察突然出现在他们面前，歹徒不得不举手投降。你知道杰克是怎么报案的吗？

## ⑧ 戴墨镜的杀手

市郊的一栋公寓里住着两个小伙子，一个姓怀特，一个姓格林。

这天，大雪纷飞，马克斯警官和助手接到怀特报案，说刚才格林被人枪杀了。他们赶到现场，只见格林头部中了一枪，倒在血泊中。

怀特说："我刚才正与格林吃火锅，忽然闯进来一个戴墨镜的人，对准格林开了一枪后就逃走了。"

马克斯警官看到桌上摆着还冒着热气的火锅，于是说道："别装了，你就是凶手！"

请问，这是为什么呢？

第一部分

第二部分

第三部分

第四部分

第五部分

第六部分

参考答案

## ⑨ 破　绽

请看下面警官和嫌疑犯的一段对话。

警官："昨天晚上10点案发时你在哪里？"

嫌犯："昨天晚上我在家里。"

警官："可是，据你的一位朋友说，当时他去找你，按了半天门铃，并没有人出来开门。"

嫌犯："哦，当时我使用了高功率的电炉，房间的保险丝烧断了，停了一会儿电，门铃当然不响了……"

警官："别再编下去了。你被捕了。"

请问，这是为什么呢？

## ⑩ 拉斯韦加斯雪场的杀妻案

希尔斯是纽约火车站的售票员工。这一天，一名到拉斯韦加斯的乘客和妻子一起前来买票，引起了希尔斯的关注。这名身材魁梧的男子，左脸颊上有一颗显眼的黑痣（zhì），这颗黑痣令人一眼望去，就对这名男子印象很深。

男子一手搭在妻子的肩上，一手将买车票的钱递给希尔斯。买完票后，男子和妻子一同到候车室等候。不一会儿，希尔斯看到男子又来到售票大厅，在他临近的售票口和售票员说着什么。男人的声音就像从腹腔直接越过胸部和口腔，从鼻子里面发出来似的，听着让人很不舒服。希尔斯听得真切，希望这个男子尽快和同事结束这次对话。

几天后，纽约的报纸上刊登了一则新闻：在拉斯韦加斯的滑雪场上，一名男子和他的妻子遭遇不幸。妻子在滑雪时不慎跌落悬崖，男子成为妻子死亡的唯一证人！新闻上有男子的照片，希尔斯一下子就认出了这个左脸颊上有一颗黑痣的男子。

希尔斯立刻拨通了同事的电话，问了同事几个问题后，希尔斯将电话打到了警察局，指控男子就是谋杀妻子的凶手！

警察局接报后，立刻将男子拘捕。经侦查，男子的确是蓄意谋害。

在此之前，希尔斯从没有见过男子和他的妻子，更谈不上熟悉。你知道希尔斯为什么说男子是杀人凶手吗？

第一部分

第二部分

第三部分

第四部分

第五部分

第六部分

参考答案

## ⑪ 女佣的谎言

七月中的一天，奥地利大富豪德利先生在卧室离奇死亡。

警方勘验了现场后，向女佣问话。女佣说道："大约两个半小时前，德利先生让我给他往卧室送一杯加冰的威士忌，然后让我给他准备洗澡水。洗完澡后德利先生叮嘱我，他要睡一觉，两小时后叫醒他。两小时后我去敲门，他却没有反应。我打开卧室的门，发现德利先生已经口吐白沫，死在地上了。"

警方将德利先生生前喝过的威士忌杯子拿走，里面堆着半杯冰块。透过化验，得知杯子里面除了威士忌，还有安眠药。

难道是德利先生自杀身亡？警方突然指控女佣涉嫌谋杀。你知道为什么吗？

134

## ⑫ 凶手和手表

位于克鲁大街新罗克巷3号的一家汽车旅馆内，发生了一起凶杀案。

所谓汽车旅馆，就是专门为那些私会的情人设置的简易约会地点。死在旅馆内的是一位妙龄金发女郎，女郎背部被水果刀插入致死。房间内，救护工作者进行了必要的施救措施，确认女郎死亡后，遗憾地退了出来，警长汉斯和著名侦探伯特查看现场。

"她是一位时装模特儿，名叫露丝兰恩。"警长先生在向伯特介绍详细情况："露丝兰恩上星期和一个船员结了婚，刚满一星期就遇到了这样的惨事。"警长不忍心地摇摇头。

"他们的新房在哪里？"伯特问道。

"第五大街拐角处的希恩公寓，他们有一间精巧的两房套房。"警长说道。

伯特继续问道："有没有怀疑对象？"

"在附近加油站工作的巴拉特先生，是露丝兰恩的前任男友，后来不知什么原因，这位漂亮的时装模特儿选择了船员。巴拉特是我们的第一个怀疑对象。"警长说道。

"看来我需要单独拜访一下巴拉特先生。"伯特听完警长的介绍，将腕上的金表拿了下来，放在死者身边。警长汉斯知道，这位名侦探又要要什么"小花招"了。

伯特来到了巴拉特工作的加油站，毫不费力就找到了他，伯特开门见山问道："你知道露丝小姐被杀了吗？"

第一部分

第二部分

第三部分

第四部分

第五部分

第六部分

参考答案

巴拉特脸上露出了惊讶的神色："什么？露丝被杀？什么时候被杀的？凶手找到了吗？"伯特举手做出一副要看时间的样子："糟糕，我的手表刚才一定忘在露丝小姐的房间了，我急着要办另一件案子。对了，我来这里是要告诉你，露丝小姐的死，和你无关。你能帮我到露丝小姐的房间，将手表拿来，送到警察局吗？"

巴拉特犹豫了一下，似乎不情愿地答应了伯特先生的请求。当巴拉特将手表送到警察局时，他立即就被逮捕了。

你知道这是为什么吗？

## ⑬ 不存在的地址

凯利斯被刺死在家中。他是利马街区便利店的一名普通职员，每天除了上班、下班，很少参加社交活动。他为人木讷，心地善良，从不和人结仇。

罪犯杀人后，带走了凶器，现场没有留下任何脚印和指纹，警方在案发现场没有找到任何有价值的线索。

警员们都撤走后，名侦探乔治留在了现场。他又仔细搜查了一遍，在凯利斯的书房里，他发现了一个空信封，信封上写着收件人的地址：本市利马街区54号收，没有收信人的姓名。

乔治立刻带人查找利马街区54号，发现利马街区一共只有50号，没有54号这个地址。乔治到当地邮局，邮政局长告诉乔治，负责这个街区信件投递的一直是老邮政员斯波特。乔治要求和斯波特谈话，邮政局长说道："我正想找他呢！从今天上午上班到现在我一直没看到他，打他家里电话也没人接。自从我任职以来，斯波特从未出现过类似情况。他是一个称职的老员工，在这里勤勤恳恳工作了将近十年……"

乔治凭直觉猜测，斯波特一定出事了。他顾不得听这个满脸红光、体态肥胖的邮政官僚的废话，问清了斯波特的地址后，带人赶到了斯波特家，发现斯波特也被人用刀子刺穿胸口而死！同样，现场也没有留下任何对破案有利的线索。

案情陷入了困境。一个月后，两起凶杀案没有一丝进展。半年后，随着一起国际间谍案的告破，案情才真相大白。

你知道凯利斯信封上那个"不存在的地址"里面，有什么秘密吗？

**对联 小故事**

古时候，有一家人十分迷信，凡事都要讨个吉利。大年三十晚上，父亲和两个儿子商议说："堂上要贴一副新春联，现在咱们每人说一句吉利话，凑出一副春联来。"两个儿子点头称是。父亲先捋（lǚ）着胡须念道："今年好！"大儿子想了想也念道："倒霉少！"二儿子接着又念道："不得打官司！"念完了，大家称赞了一番，就由父亲执笔，写了一条没加标点的长幅，贴在堂屋的正中。邻居们来拜年，一进门，看见那副春联，大声念道："今年好倒霉，少不得打官司！"

## ⑭ 浴室里的温度计

东京一位著名富商在浴室暴毙，警方判定这是一起谋杀案。警方勘察现场时发现，浴室的天花板上满是水渍（zì）。

和死者生前最后接触的，是死者的私人医生山本。探员高志恩对山本医生进行例行问话："死者在案发前曾经打电话给你，让你给他看病，对吗？"

"是的。"山本医生说道。

"你别紧张，这仅仅是一次例行问话。请问他为什么会在浴室内暴毙，甚至连天花板都湿了。你能谈谈你的看法吗？"高志恩又问道。

"我想，他是因为中风而死的。"

"浴室里面的针药是你的吗？"

"是的，我从手提包里面拿出来，准备给他治病的。"

"浴室里面怎么会有温度计碎片呢？"

"那是我不小心摔破的。"

"死者生前究竟是得了什么病让你来看病的呢？"

"心脏病。"

"你之前说他是中风。"

"是的，中风引发了心脏病。"

探员说道："山本医生，我现在指控你涉嫌故意杀人。"

你知道高志恩是凭借什么依据，认定山本医生是嫌疑犯的吗？

## ⑮ 劫机犯的目的

劫机是难度极大、后果极其严重的犯罪活动，究其动机，不外乎追求个人自由、勒索赎金、进行有政治倾向的恐怖活动。但也有的劫机案件，犯罪者的动机让人感到惊奇。

这一天，由美国旧金山飞往纽约的飞机上，一位空中小姐在洗手间发现了一张纸条，上面写着："按我的指示，现在飞机立刻转航迈阿密。否则我将炸毁飞机。"

惊慌失措的空姐急忙将这个信息告知了机长，机长立刻和机场塔台联系。为了安全起见，飞机答应了劫匪的要求，转航飞到了迈阿密。

飞机停稳后，特警立刻上飞机搜查，发现飞机内并没有炸弹。

警方即刻对搭机的每个乘客进行了调查，发现一名男子的

母亲生命垂危。警方立刻将这名男子拘捕，并且指控他涉嫌劫机。

你知道警方是怎样分辨出嫌疑犯的吗？你能猜得出嫌疑犯的劫机动机吗？

# ⑯ 夺宝大赛上的阴谋

　　"我们公司制作的防盗玻璃橱柜，能承受重锤打击和子弹扫射，是黄金珠宝行的首选。"在一次商品宣传活动中，开利防盗公司的主管谢尔逊，在宣传他们的一项新产品——防盗玻璃橱柜。他动作夸张，满脸通红。

　　"大家请看录像。"谢尔逊说完，对着台下的观众播放了一段录像。录像中摆放着开利公司的防盗玻璃橱柜，旁边的一名警员手拿冲锋枪，对着玻璃橱柜扫射数秒钟后，听见弹头发出清脆的声响，溅落在玻璃橱柜周围。

　　"大家不要怀疑这段录像的真实性。我这里有公证机关的证明，还有我们敬爱的警长——迈克先生，前来作证。"谢尔逊面带微笑，转身将台下的警长请了上来。警长面带微笑，点头向观众们致意。

　　"当然，在公众场合，我们无法用子弹试验。我这里有一个重磅大锤，哪位大力士过来，用大锤将这个玻璃橱柜打出裂痕，即刻奖励他五万美金！所以，我们这次商品宣传大会，又是一场有趣味的夺宝大赛。"谢尔逊面对观众，用极具煽动性的语调高声演讲。

　　观众中一位身材魁梧的壮汉走了上来，掂了掂台上的大铁锤，感到轻重合手，他鼓足了劲，高举大锤，满怀信心一锤砸了下去，玻璃橱柜却毫发无伤。壮汉有点儿急躁，紧接着一锤又一锤地猛砸，直到他气喘如牛，才沮丧地走下台去。

　　又有几名男子来台上试验，都没有将玻璃橱柜损坏。

第一部分

第二部分

第三部分

第四部分

第五部分

第六部分

参考答案

正当谢尔逊洋洋自得的时候，一名身材魁梧的男子走上台来，将玻璃橱柜翻转底部朝上，手持大铁锤，一锤猛砸下去，将玻璃橱柜砸了个稀巴烂！

正洋洋自得的谢尔逊，一下子目瞪口呆！观众们开始喧闹，纷纷指责前几名上台砸玻璃橱柜的男子是公司雇佣的人。谢尔逊哑口无言，当场向男子支付了五万美金奖赏。

这真冤枉了谢尔逊，他既没有造假，更没有雇佣人，他公司的防盗玻璃橱柜的确质量很好。防盗玻璃橱柜在制作之前，谢尔逊告诉工程师：这个玻璃橱柜要作为样品公开宣传，并且要举办夺宝活动。所以工程师将这个玻璃橱柜制作得相当牢固。

可是为什么被最后来的男子一锤砸碎了呢？

## ⑰ 离奇的尖锥

航空模型爱好者约瑟夫，将大半生的心血全部用在遥控飞机的研究设计上。从小时候起，他就立志在遥控飞机领域有所建树，可是命运给他开的玩笑，实在太残酷了。直到今天，约瑟夫已经五十多岁了，仍旧看不到一点儿希望。

其实早在十几年前，约瑟夫就已经将希望转移到儿子身上，为了培养儿子的遥控飞机设计，他花尽钱财，费尽心血。同时，妻子安迪对约瑟夫沉溺于遥控飞机十分不满，一度大吵大闹。

然而，遥控飞机带给约瑟夫的还不仅仅是这些。在今天的全美遥控飞机大赛中，儿子竟然一败涂地！看台上的约瑟夫，顿时成了大海中的一叶扁舟。他站起身来，再也没有心思看下半场比赛，神志恍惚、摇摇晃晃地回到了家中。安迪正在客厅打扫，他看见安迪，就像看见了亲人，希望得到她的宽慰。然而，早就对约瑟夫愤愤不平的安迪，见到他这样失魂落魄的样子，知道儿子今天赛况不佳。这给了安迪攻击约瑟夫的口实，她开始大肆奚落和指责约瑟夫。约瑟夫不堪忍受安迪的嘲弄，躲到了他的书房中。书房中堆满了遥控飞机，只有看到它们，约瑟夫心里才会感到好受一些。

然而安迪推开了书房的门，大声指责约瑟夫是一个不称职的丈夫，不负责任的父亲，没有生活观念的父亲，将儿子引入歧途，迷恋遥控飞机，影响了他的学业。约瑟夫怒火中烧，拿起用来制作遥控飞机的尖锐工具，猛刺过去，刺在安

第一部分

第二部分

第三部分

第四部分

第五部分

第六部分

参考答案

迪的前胸上，安迪顿时晕厥过去。

约瑟夫脑袋里面顿时一片空白。许久，他才试探了一下，安迪还有口气，他连忙拨打了急救电话和报警电话。急救人员将安迪带走后，警方也随之来到了。自我保护的本能，使得约瑟夫开始推卸责任，对警方说这是一起入室抢劫杀人案。

警方搜寻了半天，却没有找到凶器。安迪经过急救，活了过来，她向警方指控是约瑟夫故意刺杀她，约瑟夫被警方传讯。可是没有凶器，案件就无法进展。

半个月后，在距离约瑟夫家两百米处一幢五十三层的大厦顶楼，工作人员发现了一把带血的尖锥，交给了警方。警方认定，这个尖锥就是约瑟夫刺杀安迪的凶器。

按照约瑟夫当时的情形，他是绝对没有时间跑到两百米外的大厦顶楼抛弃凶器的。可是难道凶器长了翅膀自己会飞吗？你能推断其中的原委吗？

## ⑱ 迟到的刑侦

　　欧盟领导人会议在巴黎举行。在此之前，某恐怖组织曾扬言要炸毁会场，所以会场的安保工作十分缜密。

　　这天上午，一名男子匆匆走进会场大门，被保安人员拦住。保安人员让他出示证件，男子操着一口流利的英语，声称自己听不懂他们在讲什么，并且说自己是英国安全部门的高级警官，然后他掏出了自己的证件。法国士兵中有懂英语的，仔细看过证件后，没有看出什么破绽，又致电法国安全部门，让法国安全部门向英国安全部门核实，确认该男子就是英国安全部门的高级警官。于是，法国士兵挥挥手，习惯性地用法语说了一声对不起，并且告知男子，可以进入会场。男子听了，用英语赞扬保安人员恪（kè）尽职守，并表示了感谢，随后进入会场。正当男子要走进电梯的时候，保安人员一拥而上，冲过去将男子制伏。后来经过审讯，该男子就是恐怖组织的成员。而那位真正的英国安全部门的高级警官正在会场履行保安职责呢！

　　你知道会场的保安人员是怎样看出男子的破绽的吗？

## ⑲ 神秘消失的手枪

"这里流氓恶棍遍地都是，你得小心。"老牌警员安德罗提醒新来的搭档安尼："尤其是这个时候，路灯都熄了，他们有可能出来在街道上狂欢。"

正说着，突然前面传来一声沉闷的枪响，安德罗和安尼拔出配枪，一起朝枪响方向跑去。不一会儿，他们借着夏夜朦胧的月色，看见前面有一个男子的身影，正朝不远处的河岸奔跑。

"停下，我是警察！否则我要开枪了。"安德罗高声警告。男子跑到了桥边，伸手将一个东西扔进了河中，然后双手抱头，蹲在地上。

安德罗让安尼看住男子，他在周边搜寻了一番，看见一个中枪倒地的女子。安德罗叫来救护车将女子送走，过来询问男子："你为什么要跑？"

"我感到闷，睡不着，出来纳凉。倒霉，竟然遇到枪击，我受到惊吓所以才跑。"男子说。经验丰富的安德罗在男子身上嗅出了轻微的弹药味。

"年轻人，说实话，或许对你有好处！"安德罗说道。

"不不不，老警察，我说的全是实话，不信，你问我老婆，我老婆十分性感，叫人着迷！"男子摆出一副流氓相，满不在乎地说道。

两人在男子身上没有搜到任何有价值的东西，就将男子带到了警局，经检查，男子右手有火药颗粒。

第一部分

第二部分

第三部分

第四部分

第五部分

第六部分

参考答案

　　"这难道能证明我杀人吗？这听起来十分可笑！"男子的态度十分嚣张。

　　警方对男子丝毫没有办法。他们在男子扔东西的水域翻来覆去地搜寻，也没有找到杀人凶器。

　　"活见鬼！我和安尼几乎听到枪声就往那边跑的，空旷的街区，只有这个男子，而且他的右手明显刚刚开过枪。"安德罗弄不清男子将枪到底藏到哪里去了。

　　后来，男子的枪被找到了，你知道是在哪里找到的吗？

## 20 扇子冤案

春节刚过，江南富商林员外就和林夫人告别，出去做生意了。

转眼四月来到了，连续几天下着小雨。这天晚上盗贼趁着雨夜进入林员外家行窃，惊动了林夫人，盗贼害怕事迹败露，就将林夫人杀死了。

第二天，办案的差役在林府的围墙外面捡到了一把扇子，上面的题词是李之秋赠杜修春，李之秋是谁，谁也不知道，但人们都认识杜修春。

杜修春是当地的一名落魄武举，言行不拘一格，举止很不庄重。人们纷纷猜疑林夫人是杜修春杀害的，差役也将杜修春列为嫌疑人，拘捕到县衙（yá）严刑拷打，杜修春受不了，只好招认。

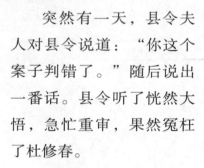

突然有一天，县令夫人对县令说道："你这个案子判错了。"随后说出一番话。县令听了恍然大悟，急忙重审，果然冤枉了杜修春。

请问，县令夫人是如何得知案子判错了呢？

第一部分

第二部分

第三部分

第四部分

第五部分

第六部分

参考答案

## ㉑ 飞机上发生了什么事件

　　暮春一天的上午，洛克镇上空像往常一样，出现了一架民航客机。突然，从客机上落下两个没有佩戴降落伞的人来，这个情况被洛克镇的好几个人看到了，人们惊讶万分，竞相猜测：飞机上到底发生什么事了？

　　第二天一早，当地早报的头条新闻在洛克镇引起了一场不小的热烈讨论。新闻只透露了一则简短的信息：昨天上午十时许，一家民航客机飞临洛克镇上空的时候，突然失去了控制，撞在附近的大山上，机毁人亡。

　　飞机失事地点的居民声称，他们亲眼看到这架民航客机跌跌撞撞，好像失去了控制。

　　警方迅速介入调查，数天后找到了飞机的黑匣子，并且在飞机残骸（hái）中发现了枪械（xiè）碎件，这场事故的原因终于真相大白了。

　　你能推测飞机上到底发生了什么事情吗？

## 22 遗书里面的秘密

珍妮打开房门，看见丈夫戴威尔躺在沙发上，右手握着一把手枪，鲜血从头部流淌下来，早已凝固了！

警方接到珍妮的报警电话，看到戴威尔的头部中枪，尸体前面是一张旋转椅，书桌就在旋转椅的前面。一台旋转电扇正对书桌，戴威尔的手臂搭在电线上，插头从墙壁上的插座中脱落下来，垂在地上。

书桌上有一封戴威尔写的遗书，遗书的内容是："亲爱的珍妮，我要走了。在拉斯韦加斯赌场，我成了穷光蛋，我完了。永别了，保重！"

"是您丈夫的笔迹吗？"探长克马斯问。

"千真万确，就是他的字迹，但看起来很潦草。"珍妮说。

"介绍一下你丈夫的情况好吗？"

150

"他是一位专栏作家，可是自从去年迷上了赌博，开始不务正业。"珍妮一边流泪，一边说道："可恶的拉斯韦加斯赌场，毁了我们的家庭。"

克马斯的目光落在遗书上，然后转向戴威尔的尸体，再看看垂在地下的电扇插头，问道："这电扇常用吗？"

"是的。"珍妮说道。

克马斯轻轻挪开戴威尔的手臂，插上了电扇插头，电扇转动了起来。克马斯说道："你丈夫不是自杀，是他杀！"

你知道克马斯判断的依据吗？

## 对联小故事

从前，有个进士老爷，专横跋扈，不可一世。有年春节，他为了炫耀，在自己的大门上贴了这么一副对联：

父进士，子进士，父子皆进士；
婆夫人，媳夫人，婆媳均夫人。

正巧，镇上有个穷秀才路过进士的家门，看见了这副对联。他先是露出鄙视的神态，接着，又露出一丝得意的笑容。到晚上，他见四下无人，就悄悄地在对联上加改了一些笔画。

第二天一大早，进士的门前围满了大堆看热闹的人，他们有说有笑，议论纷纷，大家都称赞："改得好！改得好！"

门外的吵嚷声惊动了进士老爷，他连忙打开大门，一看，立即昏倒在门前的台阶上了。

原来，进士门前的对联已被秀才改成了这样：

父进土，子进土，父子皆进土；
婆失夫，媳失夫，婆媳均失夫。

## ㉓ 5秒钟难题

这天上午，杰克和约翰坐车去看望住在郊区别墅的金姆森太太。

转眼到了金姆森太太繁花似锦、碧草如茵的小院了。杰克忽然对约翰说："你看，金姆森太太最近似乎身体不太好啊，墙上的花有段时间没修剪过了。"

杰克和约翰迅速直奔小院，他们在门外大声喊了一会儿，屋子里一点儿声音都没有。这下，约翰也担心起来，他皱着眉头喃喃自语："不会出什么事吧？我们还是进去看看……"

杰克轻轻一推，门就开了，原来是虚掩着的。两人小心地沿着铺满花草的小径向前搜寻，穿过花园，走进别墅，终于在一楼餐厅里发现了金姆森太太的尸体。

"怎么会这样？"杰克和约翰吓得差点儿倒在地上。

过了许久，两人才缓过神来。

"报警吧。"杰克满怀沉痛地坐在金姆森太太对面，缅怀这位可怜的女士。

"我们还是出去等吧，我已经让车夫报警去了。"约翰对杰克说道，"免得警察来的时候，又要为剔除我们的脚印、指纹伤脑筋。"

两人伤感而沉默地坐在别墅前的台阶上，看着送来的报纸堆满了整级台阶，而订阅它的人永远不会再读它了。别墅的台阶下，还放着两瓶早已过期的牛奶，也是金姆森太太订的。

　　杰克看着这十几天的报纸和两瓶牛奶，猛然间明白了一些东西，他拉住约翰的手说道："我知道谁是凶手了！这只需要思考5秒钟！"

　　聪明的读者，如果让你思考5秒钟，你能说出凶手是谁吗？

第一部分

第二部分

第三部分

第四部分

第五部分

第六部分

参考答案

第一部分

第二部分

第三部分

第四部分

第五部分

第六部分

参考答案

## ㉔ 古堡里的黑影

在印度，只要一提起浩瀚的塔尔沙漠中那座高大而神秘的古堡，人们就不寒而栗。近几年来，凡过路的商人和马队夜宿古堡，都一个个丢掉了性命，连骡马都不能幸免。到底古堡里的杀人凶手是谁？用的是什么凶器？一直没有人知道。

当局调来的全印度最有名气的侦探和警察，当夜也大都死在了古堡大厅里。高明的法医验尸后，也很难查明致死的原因。警方无奈，只好在古堡大门口贴上告示："过往行人一律不准在此留宿。"

后来，英国著名探险家托桑来到古堡，一心想探明究竟，探险队员全副武装地进入了古堡。天亮后，警察赶来时,托桑和他的探险队已全部遇难，印度警方于是发出紧急布告：

凡能破古堡疑案者，赏金一万卢比。

但布告发出后迟迟无人回应。一年后的一天，终于来了个白发银须、衣衫褴褛的乞丐，自称弗理加尔，他郑重地提出能破此案。警察局长半信半疑，只得吩咐刑侦科长："派人盯着这个送死的老家伙，看他搞什么鬼名堂。"

刑侦人员发现这个老头儿买了一个大铁箱、一只猴子和一副渔网，这让经验丰富的警察局长百思不得其解。

夜幕降临，弗理加尔驾驶马车奔进那座令人望而生畏的神秘古堡，眼前漆黑一片，堡内死一般寂静。老乞丐摸进大

154

厅，他先给猴子注射了麻醉药，并将它放进渔网里，然后自己钻进铁箱，牢牢地抓住渔网的网绳。

请问，老乞丐这样做到底是为什么呢？

第一部分

第二部分

第三部分

第四部分

第五部分

第六部分

参考答案

## 25 取指纹

一天，私家侦探欧文接到了一个新任务：获取一名与正在被通缉的诈骗犯长得十分相像的女人的指纹，以确定她是否与某个黑社会集团有关联。据资料显示，凡是她接触过的东西都没有留下指纹，就连一些指纹鉴定专家们也产生了怀疑，但是在通缉犯的指纹档案中，又确实存有这名女诈骗犯的指纹。看来这是一个棘手的任务。

欧文很快就瞄准了目标：那个女人进了一家酒吧。欧文随后也进了酒吧，找了一个不起眼儿的角落坐下，从始至终都注视着她的那双手。当那个女人喝完了那杯酒，放下杯子站起身朝门外走去时，欧文赶忙走到女人刚才坐过的桌子旁，用手帕将那个女人刚才用过的玻璃杯包好，揣进怀里，然后冲出门去想继续跟踪那个女人。

由于欧文刚才用手帕包酒杯时耽误了时间，女人已经消失得无影无踪了。欧文只好回到警察局，将他所得到的"战利品"放在了指纹鉴定专家的面前。专家立即拿去鉴定，但是结果仍然让所有的人都很失望，玻璃杯上是留下了指纹，却没有那个女人的。

欧文从警察局里出来，看到一楼大厅里有几个漂亮的小姐正在推销一种无色指甲油。欧文忽然想起了女人的手，顿时恍然大悟，匆匆向警察局走去。

几天后，化名为汤姆的欧文一身服务生打扮出现在一家

左侧边栏：
第一部分　第二部分　第三部分　第四部分　第五部分　第六部分　参考答案

旅馆，这是那个女人住的旅馆。

"服务生，我的喷头坏了，你能给我看一下吗？"女人柔声地对欧文说道，欧文随着女人进了房间，很快就把喷头修好了。"谢谢。"女人递给欧文一张10美元的小费。欧文接过钞票，用服务生应有的口气说道："没什么，小姐，有事再找我，晚安。"从那女人的房间出来后，欧文小心地将那张钞票塞进一个小袋中，然后交给了另一个扮成服务生的警察。

经鉴定，钞票上果然留有那个女人的指纹，与资料上的指纹丝毫不差，警方立刻逮捕了那个女人。警察局长问欧文为什么一定要扮成服务生才能取到指纹，你猜欧文会怎么回答？

第一部分

第二部分

第三部分

第四部分

第五部分

第六部分

参考答案

## 26 失窃的名画

　　爱德华太太是一位油画收藏者，在她的收藏品中，有6幅都出自艺术大师的手笔。爱德华太太死后，由于没有子女，她的遗嘱指定由侄子霍德斯继承所有遗产。但是，在遗嘱中，她特别注明这6幅油画只限于家族收藏，不得出售或者转赠。

　　霍德斯对艺术一窍不通，他当然不会花大价钱来收藏、保管珍品油画了。他把绝大部分的藏品委托给拍卖行拍卖掉了，而遗嘱中规定不许出售的6幅名画则让他大伤脑筋，捐给博物馆呢，舍不得；自己收藏呢，又没有兴趣。

　　一天，波洛来到别墅找霍德斯先生。他按了很久的门铃都没有人出来开门，忽然，波洛听到2楼传来敲击地板的声音，他立刻跑上2楼，推开一扇沉重的木门，看到霍德斯先生被捆绑得严严实实，正在地板上不断挣扎。

　　"怎么了？出什么事了？"波洛连忙帮霍德斯松绑。

　　"那些混蛋！那帮歹徒！"霍德斯愤怒得脸都涨红了，他怒气冲冲地说道，"大约一个小时以前，一帮歹徒袭击了这里！当时我正面对一幅名画欣赏，忽然一把冲锋枪顶到了我脑袋上。接着，两个歹徒取下5幅名画，然后他们逼我把我面前的那幅也给他们。最后，我被枪托狠狠敲了一下，醒来的时候就被绑得死死的了！天呀，6幅稀世之宝啊！"

　　波洛看了看霍德斯的脑袋，果然有被钝器敲伤的痕迹。他遗憾地说："这些狡猾的歹徒！那么，你有没有看到他们长什么样子？"

　　"我看到了。"霍德斯说道，"我从面前油画的玻璃框上看到，一个小胡子，两个……"

　　"霍德斯先生，"波洛打断了他的话，"看来无论是艺术还是撒谎，你都是门外汉。你这样做的目的是为了骗取保险金吧！"

　　聪明的读者，你知道霍德斯哪里露出破绽了吗？

第一部分

第二部分

第三部分

第四部分

第五部分

第六部分

参考答案

## ㉗ 小偷的智慧

号称日本最完美钻石的"天皇之星"在东京市博物馆展出，这是日本最美、最名贵的钻石。

为保证钻石的安全，博物馆在本来就戒备森严的展览厅里又新增了红外线监控系统，只要有人在非开放时间进入展厅，红外线就会立刻感觉到他的移动，警卫甚至可以在电视屏幕上清晰地看到进入者的图像。博物馆馆长放心地说，钻石进了博物馆，比进了保险箱还安全。

深夜，劳累了一天的警卫们都打起了磕睡。一个小偷悄悄地溜了进来，那个小偷先不急于走进展厅，而是从口袋里摸出一面小镜子，小心翼翼地沿着墙边来到第一个发射仪面前。他再次观察了发射仪的方向，然后用最快的速度把小镜子竖在发射仪前面，一个小小的红点开始在镜子中央闪烁。

他知道现在这个发射仪发射出来的红外线会被全部反射回去，这等于让红外线装置变成了瞎子。用同样的方法，小偷很快就搞定了所有的发射仪，他立刻来到大厅中央一人高的宝石展柜前。

"天皇之星"在暗淡的光线里发出夺目的光彩，小偷拿出笔记本电脑，开始破译展柜的密码。5分钟后，密码成功破译，展柜悄然无声地打开了。

就在小偷把"天皇之星"拿到手上的时候，忽然四周警铃大作，博物馆的大灯一下子全部打开，照得大厅亮如白昼，四名全副武装的警卫冲了进来。

第一部分
第二部分
第三部分
第四部分
第五部分
第六部分
参考答案

"放下钻石！放下钻石！"警卫大叫。

"该死！原来钻石下面还有压力感应系统！"小偷开始为自己的鲁莽而后悔。他把钻石揣进口袋，高高举起双手。

"把身上所有的东西扔过来。"警卫高声喊道。

小偷把身上装工具的包、电脑、手表，甚至钥匙都扔了过去。

"把钻石放回去！"警卫对他的合作表示满意，继续高声喊道。

小偷犹豫了一下，忽然钻进展柜，举起用来托钻石的花岗岩底座，把钻石放在下面，大声叫道："不要逼我，否则我砸碎钻石！

警卫顿时面如土色，他们没想到事情会发展成这个样子。经过短暂讨论后，一个警卫按下了遥控开关，展柜迅速关上了。现在，轮到小偷傻眼了。

"既然你不愿意出来，那就在防弹玻璃里过一夜吧。"警卫笑道，"晚安，先生，明天会有人来收拾你的。"

第二天，当博物馆警卫带着警察走进大厅的时候，他们惊讶地发现小偷竟然划开玻璃，带着

钻石逃走了！但是小偷所有的工具都被收缴了，他是怎么跑出去的呢？

第一部分　第二部分　第三部分　第四部分　第五部分　第六部分　参考答案

## 28 劫匪的圈套

由于生意失败，杰克和米勒他们把几年的积蓄全亏光了，还欠下了巨额债务。现在他们住在一间又黑又破的小窝棚里，每天还有一大堆的债主追在后面。

杰克再也无法忍受这样的生活，决定铤（tǐng）而走险，抢劫保险公司每天下午5点准时开出的运钞车，然后再带着钱远走高飞。他拉米勒一起干，答应事成以后分给他一半的赃款。米勒考虑再三，最终同意了杰克的方案。

在运钞车经过的路程中，有一段是两个街区的交界地段，行人稀少，很少有巡警出现，杰克和米勒决定在这里下手。

这天下午5点后，运钞车和往常一样从远处缓缓驶来，直到转过街角的时候，司机才猛然发现前面有块巨大无比的石头！转弯已经来不及，运钞车狠狠地撞到石头上停了下来。

与此同时，杰克和米勒挥舞着手枪冲了上去，逼迫两名押运的保安趴在地上。接着，他们一人扛起一袋钱，跳上早就准备好的摩托车，风一般地逃走了。

这时，身后忽然响起了一阵警笛声，原来刚巧有巡警路过，看到撞坏的运钞车，立刻开足马力追了上来。杰克和米勒拼命踩油门，甩开了巡警开的那辆老式警车。巡警立刻通知其他警察封锁所有公路出口，看来杰克和米勒是插翅难逃了。

杰克也想到了这一点，他和米勒立刻丢弃摩托车，跑到乡村的农田里，接着往田埂上逃窜。这时，他们发现了一座空无一人的农舍，农舍外有口很深的古井，杰克忽然想到了一个办法。

他对米勒说："我们一直这样跑，终归是要被抓住的，不如到农舍里去。我假装是农舍的主人，一会儿警察来的时候，你就用防水袋套住钱，含上根吸管，躲到水井里去。要是我不幸被抓住了，钱就全部归你。"

米勒有点儿犹豫："这样行不行呢？警察恐怕没有那么好骗吧，再说井水那么深……"

杰克打断了他的话："笨蛋，难道你想被抓吗？井水深怕什么，我会给你一根很长的管子。"

听到远处隐约响起的警笛声，米勒只好同意了。杰克把一根长3米、口径不足2厘米的管子交给米勒，帮他捆扎好钱放下井里，他自己却没有像他说的那样装扮成农舍的主人，而是到田地里躲藏了起来。半小时后，警察开始搜查这座村庄。虽然杰克隐蔽得很好，可是警犬还是凭借灵敏的嗅觉迅速找到了他。当警察把米勒打捞上来的时候，发现他早就溺死了。

探长询问了米勒躲到井下的前后经过，对杰克说道："你真是心狠手辣啊，为了独吞钱财而杀了他！现在，除了抢劫，你又添了一项故意杀人的罪名！"

聪明的读者，你们知道警探为什么这么说吗？米勒好好地待在井底，为什么说是杰克杀了他呢？

163

## ㉙ 清晰的指纹

露丝是一位畅销书作家，但并没有赚很多钱，因为当初出版商玛丽小姐用很低的价格买下了版权。

有一天，警察局汤姆斯局长告诉露丝，玛丽两天前在公寓被害，凶残的凶手对准她连开了10枪，当场死亡。根据调查，当天晚上和玛丽接触过的人只有露丝、印刷厂负责人卡罗和玛丽的前夫刘易斯。警方把他们都请到了警察局协助调查。

露丝听到发生这样的惨剧，吓得哭了起来。她说她当天晚上8点左右去过玛丽那里，两人讨论了重新签订版税合同的事情。玛丽还倒了一杯冰镇饮料给她喝，大约5分钟后她就离开了。

卡罗则很激动地表示自己是无辜的。他当天在8点左右去过玛丽家里，准备向玛丽讨回欠印刷厂的费用，可是玛丽只礼貌性地给他倒了杯冰镇苏打水，根本不谈还钱的事情。他一怒之下就骂骂咧咧地离开了，楼下看门的老头儿能证明这一点。

刘易斯虽然因为财产问题和玛丽离婚，可是离婚后他们还是好朋友。听到玛丽被害的消息后，刘易斯悲痛欲绝。他回忆说，那天晚上玛丽的情绪很不好，他喝了杯白开水，安慰了她几句就离开了，想不到竟然发生了这样的悲剧。说到这里，刘易斯难过地痛哭起来。

听完三个人的说法后，汤姆斯局长很茫然，一方面他们都完全没有足够的杀人动机，另一方面现场没有留下任何线索，凶手连弹壳都收走了，就连使用过的玻璃杯上，都只有死者自己的清晰指纹，但这并不能说明什么。

　　汤姆斯局长只好求助于波洛侦探。波洛听完后，沉思了一会儿问道："案发那天晚上，大概有37℃，是吗？"局长点了点头。波洛接着又问道："如果杯子上被害人的指纹十分清晰的话，凶手就显而易见了。"汤姆斯局长有点儿摸不着头脑。聪明的读者，你知道波洛又是怎样找到凶手的吗？

第一部分

第二部分

第三部分

第四部分

第五部分

第六部分

参考答案

## 第三部分 数字王国

### 1 奶牛吃草

假设1头奶牛1天吃的草为1份，20头奶牛5天吃100份，15头奶牛6天吃90份，100−90=10（份），说明寒冷使牧场1天减少青草10份，也就是说，寒冷相当于10头奶牛在吃草。由"草地上的草可供20头奶牛吃5天"，再加上"寒冷"代表的10头奶牛同时在吃草，所以牧场原有草（20＋10）×5＝150（份）。

由 150÷10＝15知，牧场原有草可供15头牛吃 10天，寒冷占去10头奶牛，所以，可供5头奶牛吃10天。

### 2 各有多少

鸡腿加兔腿是90只，又因只数相等，所以90÷6＝15,笼中有15只鸡，15只兔子。

### 3 排水管道

已知5米的管子8元，8÷5=1.6。

3米的管子5元，5÷3=1.66666。

5米的管子比3米的管子省钱，所以应尽量使用5米的管子。86米不能被5整除，去除6米，80÷5=16，余下6米6÷3=2。

5米的16根，3米的2根。

## 4 老婆婆卖鸡鸭蛋

原来1个鸡蛋可以卖得 $\frac{1}{3}$ 元，1个鸭蛋可以卖得 $\frac{1}{2}$ 元，平均价格是每只（ $\frac{1}{2}+\frac{1}{3}$ ）÷2= $\frac{5}{12}$ 元。但是混卖得 $\frac{2}{5}$ 元，比第一天的平均价格少了 $\frac{5}{12}-\frac{2}{5}=\frac{1}{60}$ 元，60个蛋正好少了1元钱。

## 5 一封军事情报

E=7，W=4，F=6，T=2，Q=0，7240+6760=14000。细心分析，可以发现只能是Q+Q=Q，而不可能是Q+Q=2Q，故Q=0；同样，只能是W+F=10,T+E+1 = 10，E+F+1=10+W；所以有三个式子：

（1）W+F=10；

（2）T+E=9；

（3）E+F=9+W。

可以推出2W=E+1，所以E是单数。

另外E+F＞9，F＞0，E＞F，所以推算出E=9是错误的，E=7是正确的。W代表4，所以AWQQQ代表14000。

## 6 老 钟

36分钟。对于老钟来说，从3点到12点为9个小时，实际需要的时间是9×64分钟，如果目前是12点，则已经过了9×60分钟，用实际时间减去已过时间即可。9×64−9×60=36，所以还需36分钟。

## 7 总预算

预算伙食费为：5000÷ $\frac{1}{3}$ =15000元。15000元占总额预算的3/5，则总预算为：5000÷ $\frac{3}{5}$ =25000元。

第一部分　第二部分　第三部分　第四部分　第五部分　第六部分　参考答案

## 8 杯子里的棋子

肯定不对。因为从第一个袋子里放1枚棋子算起，要想数目不同只能是把2、3、4……放入相对应的袋子里，这样得出15个袋子全不相同，最少所需的棋子数是1+2+3+4……+15 =120，而现在只有100枚棋子，当然是不够装的。

## 9 多少人

假设大人有x人，小孩则有（99-x）人，x×2+（99-x）÷2=99，解方程得x=33，所以大人有33人，小孩有66人。

## 10 兔子的数量

灰兔子和黑兔子占安娜家兔子总数的45%，那么9÷45%=20，她家一共养了20只兔子。

## 11 周末生活

去补习的同学占全班的比例是 $1-\frac{1}{5}-\frac{1}{5}-\left(\frac{1}{3}-\frac{1}{5}\right)\times 3=\frac{1}{15}$，那么全班一共 $3\div\frac{1}{15}=45$（人），所以这个班共有45个学生。

## 12 参加竞赛

5+6-9=2，所以有2个人既参加语文竞赛又参加数学竞赛。

## 13 数 羊

假设原来有x只羊，$x+x+\frac{x}{2}+\frac{x}{4}+1=100$，x=36。所以，这群羊的数目是36只。

## 14 你能喝多少瓶汽水

20+10+5+2+1+1+1=40。

## 15 几只小猫

4只。

## 16 员 工

$1 \div (\frac{1}{3} - \frac{1}{4}) = 12$，汉斯是男的，玛丽是女的，他们都没有算自己。所以台上一共站了13人，男员工9人，女员工4人。

## 17 爬楼梯

第五层。如果同时从1楼开始，甲到第9层时实际是跑了8层，而乙是跑了8÷2=4层，恰到第5层。

## 18 钻 石

开始时是1颗，第二天增加到6颗，第三天增加到12颗……计算7天的总颗数的公式为：1+6+12+18+24+30+36=127颗。

## 19 山洞有多大

10×1.5×2=30，洞里有30立方米。

## 20 猜出新号码

设旧号码是ABCD,那么新号码是DCBA，已知新号码是旧号码的4倍，所以A必须是个不大于2的偶数，即A等于2；4×D的个位数若要为2，D只能是3或8；只要满足：

$4(1000 \times A+100 \times B+10 \times C+d)=1000 \times D+100 \times C+10 \times B+A$

经计算可得D是8，C是7，B是1，所以她的新号码是8712。

## 21 投资问题

250万元买 $\frac{1}{3}$ 的股份，$250 \div \frac{1}{3}=750$，那么，这个棉油厂的总资产应该是750万元。由于甲掌握的股份是乙的1.5倍，则甲的股份是450万，乙的股份是300万。如果让3位合作伙伴股权相等，都是250万，那么甲应该得到200万，乙应该得到50万。

## 22 追歹徒

两辆车之间的相对速度是每小时15千米，每分钟行驶15千米÷60=250米，所以在警车追上匪车的前一分钟，两车相距250米。

## 23 多长时间能完成

80厘米的棍子要截80÷20−1=3（次）才能锯成每段20厘米的棍子，每次1分钟，所以需要3分钟。

## 24 爬 山

王虎是最高的，他是男生，张冰是最矮的，她是女生，假设男生的数量为x，女生的数量为y，那么由王虎和张冰的话可以知道，y=2（x−1），y−1=x，解得x=3，y=4，所以去爬山的有4个女生，3个男生。

## 25 大闸蟹

塑料袋2只装，小盒4只装，中盒8只装，大盒16只装。剩余一大盒一小盒零一只，共有21只大闸蟹：16×1+4×1+1=21（只）。

## 26 分苹果不许切

其中一个连盘拿走，盘里就留着1个苹果。

## 27 上楼的时间

原来由地下至六楼，实际只有五层；由六楼至十二楼，则有六层，故此需要48秒。

## 28 梯子有几级

梯子一共有23级，即（3+6−2+7−3）×2+1=23。

## 29 能用的子弹

分配子弹后，三个猎人共消耗了12发子弹。此后，三人所剩的子弹总数和分配时每人所得的子弹数相等。假如x为子弹的总数，减去12粒后，仍等于子弹总数分给三人的数量。故公式是x−12=$\frac{3}{x}$，x=18。

## 30 巧妙分牛

聪明的邻居从自己家牵来一头牛，这样变成了18头。其一半为9，其三分之一为6，其九分之一为2。长子为9头，次子得6头，幼子分得2头。9+6+2=17，还剩下邻居那头，仍旧牵回家。

## 31 猫狗吃肉

猫能吃到肉。猫和狗的速度本来是一样的，但是在去的100米里，猫是一步2米，100米需50步，返回时仍需50步。而狗一步是3米，跑33步才达99米，跑100米还差1米，这样还需再跑一步，也就是说在第一个100米的比赛中，狗需跑34步，返回时仍需34步。因此，在200米的来回中，狗要跑68步，这相当于猫跑102步的时间，而猫来回只需跑100步，所以猫便能吃到这块肉。

## 32 蜗牛往上爬

8天（第七天已爬7尺）。

## 33 队伍的长度

设王老师从队尾走到队头用 x 分钟，可列方程（150-60）×x=（150+60）×（10-x），解得x=7（分钟），则队伍的长度为（150-60）×7=630米。

## 34 买 羊

$n^2$是总钱数，分配的时候每次10元，两次一轮，最后单下一次，说明总钱数是10的奇数倍数。根据平方的常识，只有个位数是6，十位数才是奇数。那么个位数是6，说明最后剩下6元，也就是最后一次甲拿了10元，乙拿了6元，甲应该给乙

$$\frac{10-（10+6）}{2}=2元。$$

## 35 走全程

这个题目只要抓住固定不变的部分，不管他的时间怎么变，速度比是不变的。假设甲乙相遇时用了a小时，那么甲走了a小时的路程乙需要4小时，

根据速度比=时间的反比，则$V_甲：V_乙=4：a$，

那么乙走了a小时的路程甲走了1小时，

还是根据速度比=时间的反比，则$V_甲$：$V_乙$=a：1，

即得到4：a=a：1，a=2，

所以答案是：甲需要1+2=3小时走完全程。

## 36 零件加工

280个。假如零件总工作量为x个，则原计划总工作时间

为$\frac{x}{20}$+1；改进技术后天数为4+$\frac{x-20\times4}{25}$，天数相等列方程得：

$$\frac{x}{20}+1=4+\frac{x-20\times4}{25}+3$$

解得：x=280（个）

## 37 公交车的座位

这个题目实际上是寻找何时是峰值，我们按照题目的要求，所有的条件都是选择最小数字完成，那么就符合题目的要最少需要安排多少个座位。

题目要求：汽车驶出起始站在后面的每一站都有人下车，一直到最后一站。那说明起始站上车的最少人数应该是14人（确保每站都有一个人下车）。

同理要前面上车的人后面每一站都有1人下车，说明第1站上车的人至少是13人。以此类推，第2站需要12人，第3站需要11人。

我们看车子上面什么时候人数最多。当上车人数＞下车人数的时候车子上的人数一直在增加，直到相等达到饱和。

我们看到上车的人数从起始站开始，下车的人数也是从起始站开始，列举一下：

起始站（上车）：14，13，12，11，10，9，8，7，6，5，4，3，2，1，0

起始站（下车）：0，1，2，3，4，5，6，7，8，9，…………

我们发现当上车人数=7的时候下车人数也是7达到最大值，

所以答案是：14＋（13－1）＋（12－2）＋（11－3）＋（10－4）＋（9－5）＋（8－6）＝56。

### 38 配套衣服

我们采用的主要思路是：让善于做裤子的组做裤子，善于做上衣的组做上衣，这样才能发挥各自的长处，保证最后的总数最大。相等的可以做机动的补差，进行微调。

综合系数是（8+9+7+6）：（10+12+11+7)＝3：4。

单独看四个组的系数是：

甲组：4：5，大于综合系数；

乙组：3：4，等于综合系数；

丙组：7：11，小于综合系数；

丁组：6：7，大于综合系数。

则甲、丁两组做上衣，丙组做裤子，乙组机动。

做上衣：7×（8＋6）＝98；

做裤子：11×7＝77；

多出98－77＝21件上衣

机动乙根据自己的情况需要多生产21条裤子，由（21－12）÷（12－9）=3，需要3天生产上衣，4天生产裤子。

则答案是：上衣98＋3×9＝125，裤子是77＋4×12＝125。

第一部分 第二部分 第三部分 第四部分 第五部分 第六部分 参考答案

## 39 解答难题

我们设A表示难题，B表示中等题，T表示容易题，所求答案为A–T；

（1）：A+B+T=20；

（2）：A+ 2B + 3T=12 × 3。

将（1）×2–（2）得A–T=4。

## 40 猴子抬西瓜

每个小猴子抬西瓜平均走了200米。2个小猴子抬着西瓜走300米，共要走300 × 2 = 600（米）。3个小猴子轮流抬，平均每个小猴子抬西瓜走了300 × 2 ÷ 3 = 200（米）。

## 41 鸡蛋的价钱

16只鸡蛋。假设厨师开始买了x个鸡蛋，由题得：

$\frac{12}{x} \times 12 - \frac{12}{x+2} \times 12 = 1$，

解得x=16。

## 42 渡 河

需要9次才能渡完。这道题可不能按习惯用37 ÷ 5来计算，因为有一个人要划船回来，只有最后一次是渡5个人。

## 43 篮子里的鸡蛋

篮子里的鸡蛋在60分钟时全满，每分钟增加一倍，一分钟之前，即59分钟的时候是半篮鸡蛋。

第一部分

第二部分

第三部分

第四部分

第五部分

第六部分

参考答案

## 44 冷饮花了多少钱

假设冷饮花了$x$元钱，可列方程$x+(x+5)=6$，解得$x=0.5$（元）。

### 第四部分 图形迷宫

## 1 有趣的折叠

F

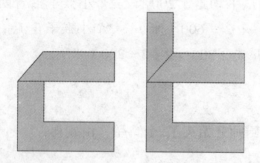

## 2 有向五连形

路径是5，1，2，4，3。以只有箭头始发的数字为入口，以只有箭头末端指向的数字为出口。

## 3 任意组使的项链

取走2个。如图所示，这样把项链截为1、1、3、6、12个珠子的5段。用不同的方法把它们接起来，可以得到1到23中任意长度的项链。

176

## 4 矫正视觉

（1）两个门一样大。（2）平行。

## 5 图形填数

68。各符号代表的数值如下：△=7，○=11，✳=17，心=3。

## 6 视觉幻象

箭头e和箭尾3是配对的。

## 7 奇怪的绳子

原因就是白木杆比黑木杆长。

## 8 画图形

图1、2、3可以一笔画出来，图4、5、6不能一笔画出来。

## 9 巧裁缝

如图：

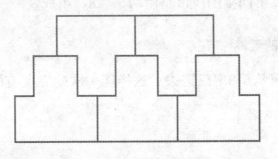

## 10 缺失的点数

缺失的部分应当有2个点。将每一行或每一列顶端的正方形中的点数相加，将和放入相反行或列的中间格中。

## 11 快速建楼房

原图转动90° 即可。

## 12 火柴拼字

如果你把火柴当做几何中的线去拼，你永远也拼不出来。火柴杆是方的，把4根火柴并拢在一起，从火柴的底部看过去，就是一个很像"田"的字。

## 13 不合规律的图形

C。在其他各组图形中，最大的图形与最小的图形相同。

## 14 找出不同

6。其他图形都可以通过轻微旋转得到。

## 15 规律勾勒

前3幅图分别是由两个反方向的"2"、"4"、"6"组成，所以第四幅图应该是由两个"8"组成。

## 16 贪心的老鼠

老鼠从第8扇门进去，这样能一次吃完所有的点心且路线不重复。其路线如图：

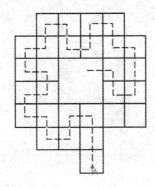

## 17 找出不同

B。其他图形的小圆圈在大圆上。

## 18 石碑师

①古代汉字没有简体字，如"响"应为"響"，剖开成为"乡"、"音"两个字。

②石碑诗八句56个汉字，可图上只有49个汉字，还有7个藏在哪里呢？

从中间"牛"字开始回绕读，每句吟成七言，读到末个字将它剖开，取其剖开的半个字，借给下一句作第一个字，并且要考虑到古代汉字没有简体字。所以，原诗为：

牛郎织女会佳期，月底弹琴又赋诗。

寺静惟闻钟鼓响，音停始觉星斗移。

多少黄冠归道观，见机而作尽忘机。

几时得到桃源洞，同彼仙人下象棋。

## 19 打破平行

如图所示。只要作出一个立体的四面体（B为顶点，

179

ACD为底面）就行了。

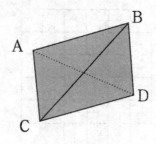

## 20 圆圈数量

共有25个圆圈。

## 21 找不同

A。只有A不能对称折。

## 22 地板砖图形

181块。计算方法：黑5×5=25，白4×4=16，25+16=41；黑10×10=100，白9×9=81，100+81=181。

## 23 与众不同的一个

B。除B外，其他图形方框的个数均是奇数。

## 24 7个正六边形

将两个正六角形如图①并排的话，可以发现ST与TU长度的总和等于正六角形的边长。因此，图②中A至B的折线长度与C至D的折线长度，分别是正六角形边长的6倍。再加上两端的部分，周围长度为正六角形边长（10厘米）的18倍，合计总共180厘米。

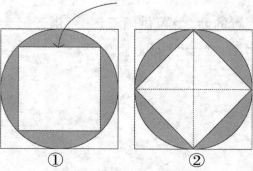

## 25 大小正方形

试着把图①内侧的小正方形旋转45度，这么一来，就会变成像图②一样。再把小正方形用两条对角线分成4个等腰三角形。于是，外侧的大正方形中，会有8个形状相同的等腰三角形。因此，外侧的大正方形面积为内侧小正方形面积的2倍。

## 26 从12到16

看看右图的结果就一目了然了。将6根木棒如图所示组合起来即可。这样，的确不管从前面、侧面或上面看，形状都是正方形。

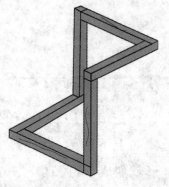

第一部分

第二部分

第三部分

第四部分

第五部分

第六部分

参考答案

第
一
部
分

第
二
部
分

第
三
部
分

第
四
部
分

第
五
部
分

第
六
部
分

参
考
答
案

## 27 特别的一个

A。只需把图旋转就会发现B、C、D是同一个图。

## 28 找相同

C和E。

## 29 变成14个三角形

在图上4个三角形的外面增加一个大的三角形。这个三角形把A、B、C、D 4个三角形包在内部，同时，B、C、D3个三角形在外围的顶点都在新增加的三角形的边上。新的图形拥有14个三角形。

## 30 安全城堡

如下图配置的话，A可供国王、B可供王妃(当然也可以互换)居住，这样敌人就无法马上偷袭了。

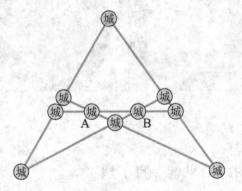

## 31 巧变正方形

把最右边右上角的两根火柴棒移到位于中间位置的火柴棒的上下两侧，以分别形成一条上边和一条底边。这样，图形就变成了1大5小，一共6个正方形。

第一部分

第二部分

第三部分

第四部分

第五部分

第六部分

参考答案

### 32 玻璃上的弹孔

左边的弹孔是先射的。右边的弹孔周围裂痕扩散受到了限制，因此可以判断得出左边的弹孔是先射的。

### 33 扩大池塘

如图：

### 34 不同的蚊香图案

图案C。因为图案C里蚊香是按照顺时针方向旋转的，而其他图案都是按照逆时针方向旋转的。

### 35 流动的竖线

看起来好像这些竖线的长度都不一样，有长有短，但事实上，这些竖线的长度是一样的。

### 36 切木板

图1割一块细长形状木块，再倒过来拼上去。图2在准备做成圆洞的地方，挖出一个圆形木块再填回原来的圆洞。

图1　　　　　　　　　　　　　　图2

183

## 37 巧摆圆圈

如图：

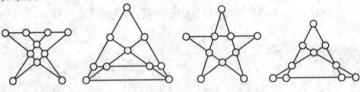

## 38 排棋子

原来的25颗棋子可以不动，只需要把新加的5颗棋子按照如图那样与别的棋子重叠放好就摆成了。

## 39 巧喂鱼

如图：

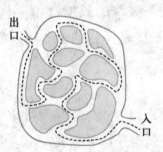

## 40 画三角形

这道题看似麻烦，其实很简单。只要我们把这个图形拆开，成为若干个小三角形，你就会发现，大图是由21个小三角形组成(包含3条边，且不重复)，小图是由3个小三角形组成的。也就是说，每画3个三角形就要蘸一次墨水，所以画完整个图形需要蘸7次墨水。另外，本题也可以按边数计算。

## 41 扑克组合

如图：

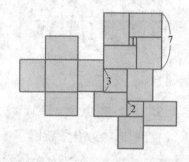

## 42 狡诈的首饰匠

首饰匠只要在项链水平一排的两端各偷走一颗钻石，再把最底下的一颗钻石移到顶上，就可以蒙骗住愚昧的贵妇人。

## 43 铺地板

可以做到，不过，不能用正五边形瓷砖。如图所示：

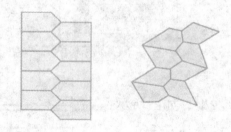

## 44 转　圈

都是2周。无论小圆在大圆里面还是外面，上面还是下面，大圆的周长都是不变的，走完大圆周长那么长的距离，都是绕2周。

第一部分　第二部分　第三部分　第四部分　第五部分　第六部分　参考答案

### 45 数字迷宫

如图：

### 46 你能按照要求排列吗

游戏里没有规定棋子不能重叠，因此，除相交处的棋子外，可以从任意两条直线上各取出1颗棋子，然后从剩下的那条直线上再取出1颗棋子，把棋子叠放到相交处的棋子上。

### 47 平分财产

如图：

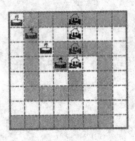

### 48 道路畅通

至少要移动2根，如图所示：

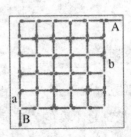

### 49 找出错误图形

2B。

### 50 计算距离

相交点的高度等于两杆高度的乘积除以高度之和，与两杆之间的距离根本无关，所以两杆之间的距离可以是任何长度。

### 51 六分月牙

如图：

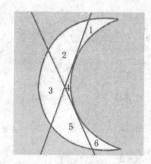

### 52 谁的路短

如果不考虑街巷的宽度，两个人走的路程一样长。

### 53 数字整队

如图：

| 2 | 1 | 4 | 3 |
|---|---|---|---|
| 3 | 4 | 1 | 2 |
| 1 | 2 | 3 | 4 |
| 4 | 3 | 2 | 1 |

第一部分　第二部分　第三部分　第四部分　第五部分　第六部分　参考答案

### 54 掉落的台球

如图：

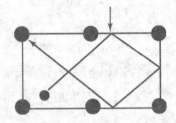

### 55 圆柱体

D。

### 56 中国结变红十字

如图：

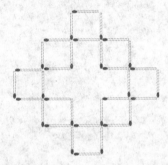

### 57 怎样走才能抵达终点

正确的路径是：1-6-4-1-3-4-7-3-4-6-7-4，加起来正好是50。

### 58 一次通过

从⑦号房间开始就可以到达。如图，只有连接⑦⑧的线条数为奇数，从⑦号房间出发可以一次通过所有的门。顺序可为：⑦→⑧→⑦→⑥→④→①→②→④→②→③→⑤→④→⑦→⑤→⑧。

第一部分

第二部分

第三部分

第四部分

第五部分

第六部分

参考答案

### 59 转动的轮子

6号轮子也顺时针转动。

### 60 一笔画图

如图。

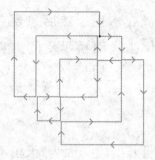

### 61 第三支

第7支铅笔。

## 第五部分　趣味故事

### 1 吃李子

李子树长在路边，结了那么多果子，要是不苦，早就叫人摘光了。

### 2 死刑犯

死刑犯回答的是："上绞刑架。"行刑官如果说他猜错了，按他事先说的，应执行绞刑，但这样一来，死刑犯说的又对了，应执行枪决。如果执行枪决，死刑犯说的就是错的，而错了应执行绞刑。因此，无论怎样执行都是矛盾的。

### 3 风 铃

并没有要求绳子是直的，所以可以把5个风铃连成一个圈。

### 4 果农过河

他把这担苹果放在水里，然后只要克服水的阻力，就能把这担苹果拉到河岸去。而桥承受的力量只是他的体重和那些阻力，所以他可以一次就过河。

### 5 特别的城镇

他应该选择星期五出门。因为7天里不可能有3家单位全都停止营业的情况，所以只要判断出第二天是星期天就可以了。

### 6 疯狂飙车

两兄弟交换了彼此的摩托车。

### 7 高超的画艺

门帘是画的。北庄的画家误以为是真的门帘而去伸手掀，可见画得非常逼真。

### 8 环球旅行

他们说得都不对，因为飞机越过南极和北极之后，就会改变方向。

### 9 四个留学生

他们说汉语就可以了。

第一部分

第二部分

第三部分

第四部分

第五部分

第六部分

参考答案

### 10 帽子问题

他这样分析：如果我和第2个人戴的都是黑的，后边的人马上就能知道自己的帽子的颜色，但他没有回答，说明我和第2个人至少有一个人的帽子是白色的。如果我戴的是黑帽子，由于第3个人没回答，第2个人很快就能推断出他戴的是白色的，但他也没有回答，说明我戴的不是黑色的。

### 11 嫌疑犯

是看车的驾驶员作的案。他趁另一名驾驶员和保管员进库的时候，用事先准备好的、与原来一样的锁把原来的锁换下来，当天晚上作案后，又把原来的锁换上去。

### 12 好心的赵先生

他是公交司机，他不能将自己的位置让给老奶奶。

### 13 四条狗的对话

棕色衣服的狗狗：汤姆家的多多。黄色衣服的狗狗：杰克家的汪汪。白色衣服的狗狗：杰克家的咪咪。灰色衣服的狗狗：汤姆家的依依。

### 14 问什么问题

智者问的是："你是这个国家的居民吗？"如果对方回答"是"，那么这个国家是A国，否则是B国。

### 15 谁说假话

当然可以喝。旅行者在一个晴朗的午后说"今天天气真好

191

第一部分

第二部分

第三部分

第四部分

第五部分

第六部分

参考答案

啊"，对方回答"是的"，可想而知对方一定是说实话的人，水自然也可以喝。

## 16 喝 水

是大儿子。因为父亲是在8天后才去田里的，那时的西瓜是碗口那么大，那么在8天前西瓜肯定没有那么大。

## 17 谁是智者

乙是智者。运用假设法，先假设甲是智者，则甲和丙都通过了数学考试，与题不符，则甲不是智者。运用此法，最后得出乙是智者。

## 18 采 花

如果二女儿说的是对的，则大女儿说三妹妹说谎这个陈述是错误的，则小女儿说的是对的，得出了矛盾，运用此法逐步推理可得答案。小女儿最诚实，大女儿和二女儿都撒了谎。小女儿采了3束花，二女儿采了1束花，大女儿最懒，一束花都没有采。

## 19 真正的藏宝箱

所有的金银财宝都藏在乙箱内。推理步骤如下：

（1）如果甲箱的字条属实，那么"乙箱的字条属实，而且所有的金银财宝都在甲箱内"的两个叙述也都是真的。

（2）若乙箱的字条属实，那么"甲箱的字条是骗人的，而且所有的金银财宝都在甲箱内"的前一个陈述，也就是"甲箱的字条是骗人的"这个陈述显然违反了之前的假设，所以不能成立。

（3）由此可进一步推论，甲箱的字条是假的，即其中至少有一个陈述并不属实(可能是前面的句子，也可能是后面的句子)。若乙箱的字条是骗人的，则表示甲箱的字条是真的，但这个理论又已经证明不成立了。因此，所有的金银财宝一定都藏在乙箱内。

## 20 向左向右走

他们住对门。

## 21 谁受了伤

由A、B、D可知，受伤者只可能是安丁或者兰君，由B、C、E可知，伤者也不是兰君，所以伤者是安丁。

## 22 糊涂的答案

老年人和年轻人是父女关系。之所以很多人对此题久思而未得其解，那是因为他们陷入了逻辑思维障碍陷阱，错误地接受了题目的心理暗示，认为那个年轻人是男性。其实题目中没有任何条件规定年轻人必须是男性。

## 23 新 娘

简是杰克的新娘，路易丝是乔的新娘，安娜是安迪的新娘。

## 24 坚强的儿子

儿子说："如果我正直的话，就不会被神遗弃；如果我不正直就不会被大众所背叛。所以，不论如何，我都不会被背叛的。"

## 25 老大是谁

B，运用假设法。假设A说的是实话，则B说的也是实话，与题目矛盾。运用此法可得知，C说的是实话。

## 26 如何过河

先把狗带到对岸，然后返回把一只小羊带过去，顺便把狗带回原岸，然后把另一只小羊带到对岸，最后再返回去，把狗带过去。

## 27 美女的诱惑

至少有2个天使。

假设甲是魔鬼的话，由此可推断乙和丙都是魔鬼，那么乙是魔鬼的同时又说了实话，存在矛盾，所以甲是天使。假设乙是天使的话，从她的话来看，丙就成了魔鬼。相反，假设丙是天使的话，从她的话来看，丙就是天使了。所以，无论怎样，都会有2个天使。

## 28 偷钻石

小偷可能是店里的售货员，他偷走了钻石，并用钻石划开了玻璃。他这样做的目的就是为了转移别人的视线，让人认为是外面的人做的。

## 29 看书的人

他是个盲人，在看一本盲文书。

## 30 家庭时光

父亲在看电视，母亲在整理房间，儿子在做饭，女儿在打电话。

## 31 预测机

预测机下一个会亮红灯。

## 32 存放的地方

因为215和216页是在同一张纸上的，即是一张纸的两面，所以中间是不能夹任何东西的。

## 33 弹钢琴

因为小浩弹的这首曲子只弹黑键。

## 34 出国旅行

克里斯是个婴儿。

## 35 反驳的方式

小孩子说："那么，你用什么去装这种液体呢？"

## 36 后羿射日

后羿射的当然是太阳，但很多人未经思考就会做出反应，回答说是"月亮"，这就是思维惯性现象。

## 37 衣着规定

根据e，穿毛衣；根据d，不带伴，不超过16岁；根据a，不穿燕尾服；根据c，戴大礼帽；根据b，超过15岁。

## 38 捉 鸟

可以用沙子慢慢把树洞灌满，这样，小鸟就会随着沙子的增多而回到洞口。

## 39 消失的脚印

那个女孩儿是倒着走路的。

## 40 租房的问题

小孩说："先生，我要租这间房子，我没有孩子，我只带来两个大人。"

## 41 真假母子

包青天下令将孩子劈成两半，一人一半，来平息纠纷。孩子的亲生母亲肯定不忍心把孩子劈成两半，愿意把孩子判给对方。包青天据此判案。

## 42 选择建筑师

提名最多的第二候选人。

## 43 花样扑克

有胜算。假设朝上的是"√"，朝下的是"√"或"×"的机会并不是各一半。朝下的是"√"的机会有两个：一个是第一张扑克的正面朝上时；另一个是第一张扑克的反面朝上时。但朝下的是"×"的机会，只有当第二张扑克正面朝上的时候发生。也就是说，只要回答朝上那面的图案，他就有 $\frac{2}{3}$ 的机会赢。

## 44 白马王子

杰克符合。

## 45 挖金币

9棵树锯断后，少年哈利是通过比较每棵树的年轮，推断出金币埋在哪棵树下的。树干一年多一个圈，这就是年轮。生长在阳光充足、土地肥沃地方的树，发育好，年轮也大；反之，在日照很差、土地贫瘠（jí）的地方，树木生长缓慢，因此年轮也小。20年前，杰克的祖父埋下壶后，把阳光充足的外院的树，移到光照差的内院，因此，那棵树20年前和20年后的年轮，会发生微妙的变化，20年前的年轮间隔大，20年后的年轮间隔小。哈利发现了年轮的细微差别，作出推理，知道哪棵树下埋着金币。

## 46 糊涂的侍者

概率为零。因为不可能正好8个人给对，1人给错。

## 47 娶 妻

商人随便问一位美女，例如甲，"你说乙的等级比丙的低吗？"如果回答"是"，那么选乙，否则选丙。

## 48 分粥博弈

最好最简单的方法：每个人轮流值日分粥，但是分粥的那个人要最后一个领粥。在这个制度下，7个碗里的粥每次都是一样多的，每个主持分粥的人都认识到，如果7个碗里的粥不相同，他确定无疑将享用那份最少的。

## 49 鸭子孵蛋

不可信。因为野鸭会孵蛋，而家鸭经过长期的人工选育已经退化，是不会孵蛋的，农夫在撒谎。

## 50 怎么寄古画

只需要做一个长度不超过1米，宽和高均不超过1米，但对角线长度不少于110厘米的长方体盒子，然后把古画倾斜着放进去，就能顺利寄出去了。

## 51 准时轮班

在一天作业开始时，第一批10个人就先到地面上休息，待一个小时以后，到工地与下一批人交班，其余依此类推即可。

## 52 真假古铜镜

因为在公元前四十年时，公元纪年的概念还没有出现。在使用公元纪年法前，我国是用帝号纪年法和干支纪年法，因此，那个古铜镜是假的。

## 53 除夕贴对联

福无双至今朝至，祸不单行昨夜行。

## 54 吝啬鬼的把戏

在这笔糊涂账中，关键在于第一次的1元钱已经"变"成面条，不能再算了。吝啬鬼还应该再付1元钱。

第一部分 第二部分 第三部分 第四部分 第五部分 第六部分 参考答案

## 55 找出口

我们知道迷宫只有一个出口。根据第三个路口上写的话，如果第一个路口写的是真的，那么第二个路口也是迷宫的出口了，不符合常理。如果第一个路口写的是假的，那么第一、第二两个路都不是出口，所以应走第三条路。

## 56 聪明的探密者

因为他只看到进去的足迹，没看到出来的足迹。

## 57 外星人的试验

一般来说，男孩决定只拿箱子B是比较容易理解的。为了使女孩的论据明显起来，要记住外星人埃克斯已经走了，箱子里也许有钱，也许空着，这是不会再改变的。如果有钱，它仍然有钱；如果空着，它仍然空着。让我们思考一下这两种情况。如果B中有钱，女孩拿箱子B，她得到100万元。如果她两个箱子都要，就会得到100万加1000元。如果箱子B空着，她只拿箱子B，就什么也得不到。但如果她拿两个箱子，她就至少得到1000元。因此，任一种情况下，女孩拿两个箱子都多得1000元。

## 58 谁做的好事

如果小张说的是真话，那么小王说的也是真话，与条件不合，所以，不可能是小黄做的好事；同样，小新也没说真话，否则小黄也说了真话，所以小张没做好事；如果是小新做的好事，那么小王与小黄说的话都是真的，显然不对。唯一可能的，就是小王做了好事，而只有小黄说了真话。

第
一
部
分

第
二
部
分

第
三
部
分

第
四
部
分

第
五
部
分

第
六
部
分

参
考
答
案

### 59 智取宝石

把地毯卷起来，卷到瓶子附近时，就可以伸手抓到宝石了。

### 60 吃羊的狼

狼首先钻进笼子里将羊咬死，然后它把羊撕成可以拖出笼子的小块，把碎块拖出笼子，就可以在外面饱餐一顿。

### 61 遗产怎么分

寡妇应分得1000元，儿子分得2000元，女儿分得500元。

### 62 最安全的位置

第一轮中被扔下海的人为3，5，7，9，……，599，在第二轮中，被扔下的即是原来报2，6，10，……，598的人，以此类推，最后得到512。

### 63 三个人住旅馆

题干叙述犯了数学逻辑错误，每人出了9美元，应包括小弟的2美元。

### 64 科学家理发

因为镇上只有两位理发师，这两位理发师必然要给对方理发。科学家挑选的是给对方理出最好发式的那位理发师。

### 65 问题手表

D的评价是正确的。麦克犯的正是"混淆概念"的错误，两个"3分钟"是不相同的，一个标准，一个不标准，因此，麦克的推断是错误的。

## 66 烦人的狗叫声

因为这两位邻居只是互换了住处而已。

## 67 历史名人

包黑子（包公）。

## 68 三个农夫和土豆

店主一共拿来了27个土豆。

解题思路如下：第三个农夫吃了自己的一份后，还留下8个，可见他醒来看到盆里有12个土豆。这12个土豆就是第二个醒来的农夫留下来的，依此类推，第一个醒来的农夫给同伴留了18个土豆，每人9个，他自己吃了9个。这样，我们就知道店主一共拿来了27个土豆。

第一个农夫已吃掉了自己的一份，所以，剩下的8个土豆，应该给第二个醒来的农夫3个，给第三个醒来的农夫5个。

## 69 列等式

1～6组成：$54 \times 3 = 162$；

1～8组成：$582 \times 3 = 1746$；

1～9组成：$1738 \times 4 = 6952$；

0～9组成：$9403 \times 7 = 658216$。

## 70 蚊子搞沉大型油轮

由于驾驶室的瞭望窗全部被蚊子遮盖，舵手不能分辨方

第一部分

第二部分

第三部分

第四部分

第五部分

第六部分

参考答案

向，致使油轮不幸触礁（jiāo）沉没。

## 71 小鸟放在瓶里

没有变化。因为空中飞翔的小鸟体重是空气支撑着的。

## 72 奇瓶的容积

小聪在瓶子里灌满了水，然后将水倒在一个量杯里，这就得出了非常精确的容积。

## 73 司机的难题

从其他3个轮胎上分别卸下1个螺丝，把它们安在第4个轮胎上就行了。这样每个轮胎上都有3个螺丝，车子就能被开走了。

## 74 爱面子的国王

画一幅国王单腿跪下、闭一只眼瞄准的肖像画，就能掩盖他身体上的缺陷。

## 75 卖木梳给和尚

第三个人对寺庙里的主持说："来寺里进香的都是虔诚的信徒，宝刹应该对这些善男信女有所回赠，以做纪念，保佑他们平安吉祥。听说您法力超群，我这儿正好有一批木梳，不妨写上'善梳'，请人把它们刻在上面，当作烧香许愿者赠品。"主持大喜，马上买下大批木梳。得到赠品的施主们非常高兴，从此，寺里的香火更旺了，寺里的生意也越做越好了。

第一部分 第二部分 第三部分 第四部分 第五部分 第六部分 参考答案

### 76 打乒乓球

小云从哥哥口袋里拿出一个乒乓球，把它藏在身后，哥哥会要求她把乒乓球亮出来。这时，小云就说："只要看看你口袋里剩下的是什么颜色的乒乓球，就知道我拿的是什么颜色的乒乓球了。"哥哥就会无计可施。

### 77 有效的告示

谁往老虎洞里扔东西，谁就亲自去把东西捡回来。

### 78 区分3只碗

解决问题的方法是多种多样的。这里我们介绍一种简便的方法。向食堂借一只玻璃杯并洗净，然后将玻璃杯杯口朝上，杯底压入豆浆内，透过玻璃杯底部的玻璃，可以看清碗底的图案。

### 79 醒着和睡着

如果你出生时是睡着的，那么你睡着的次数就多一次；如果你出生时是醒着的，那么你醒着的次数就多一次。

### 80 挡路的石头

在紧靠大石头的地面上挖一个大坑，当坑足容纳大石头时，只要轻轻一推，大石头就滚进坑里了。

### 81 狭路相逢

两车各自退后一段距离，从胡同中挪出大木架，放到一辆车的前面让出胡同口，另一辆车则开进胡同里。再将木架向前移，直至胡同外的车可以开过胡同口。胡同内的车开出来，并向前行驶一段距离。另一辆车倒车过胡同口，最后将木架放回胡同里。

### 第六部分　谜案追踪

#### 1 音乐会上的阴谋

埃利事先已做好演出准备的事实，说明他对巴蒂的死和自己将上场演出有准备，这就证明他涉嫌谋杀。如果他事前不知，他上场前就应准备，用松香先擦擦弓，并调好琴弦。

#### 2 判断凶杀案现场

如果受害人真的是在书房被枪杀的，那么磁带中就理应录上了昨晚报时钟22点的鸽子叫声。之所以录音中没有鸽子的叫声，是因为凶手是在别处枪杀受害者的。

#### 3 多少枚钻戒

4个人共有10枚钻戒。

艾艾+拉拉 = 5的话，米米+丽丽 = 5；

艾艾+拉拉 ≠ 5的话，米米+丽丽 ≠ 5；

所以，丽丽和拉拉或者都说了实话，或是都撒了谎。

假设她们都说了实话，丽丽 ≠ 2，拉拉 ≠ 2，拉拉的话是真的，米米 ≠ 3。

假设艾艾的话是真的（艾艾 ≠ 2），由于拉拉+米米 = 5，可得艾艾+丽丽 = 5，米米的话是假的，所以米米 = 2。因此，拉拉＝3，丽丽的话就变成假的了。

因此，艾艾的话是假的，艾艾＝2。由于艾艾+丽丽≠4。所以米米的话是假的，米米＝2。

由于丽丽的话是真的，所以拉拉＝3。那么，拉拉+米米＝5，就成了艾艾有2枚钻戒却又说了真话，这是自相矛盾的。

由此推知，前面的假设是不成立的。

她们都撒了谎，即丽丽＝2、拉拉＝2，由拉拉的话（假的）可知，米米≠3。

所以，艾艾的话是假的，艾艾＝2。剩下的米米就是4枚。

她们各自手上戴的钻戒数具体如下：

丽丽：2枚；

艾艾：2枚；

拉拉：2枚；

米米：4枚。

## 4 谁害了富翁

马克是杀人凶手，因为每个人的话都是谎言，所以莱特去的时候，人是活着的，汉斯离去的时候人已经死了。凶手是在汤姆去之后离开的，马克离开的时候人已经死了，汤姆是最后去的，马克是最后离开的，所以凶手是马克。

## 5 不打自招的凶手

影子不可能在窗口，张某说"窗口有个影子高举着木棍"，这就是谎言。因为桌子上台灯的位置是在被害人与窗口之间，不可能把站在被害人背后的凶手的影子照在窗

第一部分

第二部分

第三部分

第四部分

第五部分

第六部分

参考答案

子上。

## 6 离奇的命案

凶手是风。正当死者享受日光浴时，海滩上突然刮起一阵飓（jù）风把太阳伞吹起，当风吹过后，那把太阳伞正好插入了死者的腹部。

## 7 酒店挟持案

杰克在打电话时做了点儿手脚。在通话时，他一讲到无关紧要的话，就用手掌心捂紧话筒不让对方听到，而讲到关键的话时，就松开手。这样，家人就收到了这么一段"间歇式"的情报电话："我是杰克……现在……金冠大酒店……坏……人……在一起……请你……快……来。"

## 8 戴墨镜的杀手

如果有人戴着墨镜从寒冷的室外进入热气腾腾的室内，镜片上就会蒙上一层雾气，根本无法看清屋里的人。

## 9 破　绽

破绽：门铃不用照明电，即使停电依然会响。

## 10 拉斯韦加斯雪场的杀妻案

因为男子向希尔斯买了两张前往拉斯韦加斯的车票，又从同事的售票口买了一张返程票。

## 11 女佣的谎言

因为女佣在回答警方的问话中，明显说谎。七月的天气，冰块会在两个多小时内全部融化的，但警方到达案发现场后却发现德利先生的杯子里面还有大量冰块。这说明女佣在德利先生死后到过卧室。有时候我们想想，的确是细节决定成败。假如女佣不再画蛇添足地往卧室送冰块，警方的调查是否会更加曲折一些呢？

## 12 凶手和手表

伯特并没有告诉巴拉特露丝在哪里，但他却直接到露丝小姐死亡的房间找到了手表。这说明巴拉特事先知道露丝小姐在汽车旅馆内，所以他有重大嫌疑。

## 13 不存在的地址

凯利斯和斯波特两人都是某国间谍。他们一个在便利店工作，一个在邮政局工作，向他们的上司搜集情报。凯利斯用信件和斯波特联系，只要斯波特看到写有"本市利马街区54号收"的信件，就截留下来。这种联系方式十分巧妙，因而两个人的身份隐藏得很好。可能是间谍网内部出现了问题，两个人处在被暴露的境地，负责间谍网的长官为了自保，派人将两个人杀死了。

## 14 浴室里的温度计

身为嫌疑犯，山本医生可能是心理素质最弱的人了。首先他的回答破绽百出，将死者生前的疾病，一会儿说成是中风，一会儿说成是心脏病。而且他将温度计和针药掉在了浴室，这充分说明山本在作案时，是多么惊慌失措。既然没有那个心理素质，何必去杀人呢？

第一部分

第二部分

第三部分

第四部分

第五部分

第六部分

参考答案

207

高志恩的推断是：山本趁死者心脏病发作躺在浴室内不能动弹时，刻意打开热水炉，让浴室内的温度变得很高，然后将浴室门关死。他不慎将温度计掉在里面，浴室里面的温度超高，以致于温度计破裂。在这种环境中，别说心脏病病人，就连一般人也受不了。

### 15 劫机犯的目的

劫机男子没有钱从纽约买到迈阿密的机票去看望生命垂危的母亲，他只好买了一张飞往纽约的机票，上机后将纸条放在洗手间。飞机按照纸条上的要求飞到迈阿密，他的目的也就达到了。

### 16 夺宝大赛上的阴谋

工程师在设计玻璃橱柜的时候，故意在玻璃橱柜底部一处不显眼的地方留下了一个瑕疵（xiá cī），所以，锤子锤在有瑕疵的地方，就将玻璃橱柜一下子砸碎了。但玻璃橱柜正着摆放，既能抵挡子弹，又能承受重锤，所以，夺宝中砸坏玻璃橱柜的男子，是和工程师串通好了的。

### 17 离奇的尖锥

约瑟夫是个遥控飞机爱好者，他刺杀安迪后，将尖锥放在遥控飞机上，然后用遥控飞机飞行到大厦顶楼抛下凶器。

### 18 迟到的刑侦

男子声称自己不懂法语，但法国守卫用法语告知他可以进会场的时候，他得意忘形之下，表扬了守卫，表明他是懂法语的。

## 19 神秘消失的手枪

男子在杀人之前早有预谋，他将枪绑在一只拖鞋上，开枪杀人后将绑着拖鞋的枪扔到了河里，顺水漂流下去。难怪警方在男子扔枪的地方找不到枪。

## 20 扇子冤案

林夫人被杀于四月，连续几天下雨，天气一定寒冷，是不需要带扇子的，而且在偷窃杀人的时候，更是应当避免带多余的东西，这明显是嫁祸于人。

## 21 飞机上发生了什么事件

有持枪歹徒劫持了飞机，但是遇到了反抗，劫匪很快将反抗者镇压了下去，并且将他们抛离机舱。可是令劫匪疏忽的是，刚才的两位反抗者，正是飞机上的正副驾驶员！飞机失去了驾驶，终于酿（niàng）成了撞山坠毁的惨剧。

## 22 遗书里面的秘密

电扇转动的时候，戴威尔的遗书一定会被吹掉，而戴威尔的遗书却一直安稳地放在桌子上，这说明有人枪击了戴威尔，戴威尔中枪倒地，手臂弄掉了电扇插头，然后凶手将遗书放在桌子上。

## 23 5秒钟难题

凶手是送牛奶的工人。因为只有知道金姆森太太已经遇

第一部分

第二部分

第三部分

第四部分

第五部分

第六部分

参考答案

害，他才不再到这里送牛奶，而送报纸的工人显然不知道这一点，每天仍然准时把报纸送来。

因此，送报纸的工人虽然每天都来，却因此被排除了嫌疑。送牛奶的工人作案后，显然没有想到这桩凶案在十多天以后才被人发现，他停止送牛奶的行为恰恰暴露了自己的罪行。

## 24 古堡里的黑影

午夜，只见一团团黑影从古堡顶部飞下来，向猴子猛扑过去，只听苏醒过来的猴子一声惨叫，弗理加尔迅速收紧了渔网，古堡内又静了下来。

次日早晨，他从古堡里胜利走出，指着渔网对围观者说："凶手就在里面，它就是这种奇特的红蝙蝠，长着像钢针一样锋利的嘴，夜间出来觅食，乘人畜不备，瞬间能将尖嘴插入人和动物的大脑，吮吸脑汁，可立即致人死亡。"由于红蝙蝠具有这种杀人绝招，所以难以在死者尸体上找到伤处。

当局正要论功行赏，老人拿出了证件，原来这位"乞丐"正是英国剑桥大学著名生物学教授汤恩·维尔特。他观察古堡、研究红蝙蝠已经20多年，这才一举破获了神秘古堡的百年疑案。

## 25 取指纹

欧文说，那个女人很狡猾，只要在公共场合出现，她就会用无色透明的指甲油涂在手指上。这样一来，无论她用手触摸什么东西都不会留下指纹。

但只要一经水洗，指甲油就会被洗掉，欧文在她房间的喷头上做了手脚，她在洗澡的时候，喷头就会坏掉，她一定会叫人修理。欧文为她修好了，按礼貌她会付小费的，而这时她的手已经被水洗过，指甲油被洗掉了，钞票上自然会留有她的指纹，就这样欧文得到了她的指纹。

## 26 失窃的名画

作为一个侦探，必须是一个博学的专家。霍德斯的话里露出了和逻辑常识不符的破绽：油画从来不用玻璃框，而是用木框或者专用的画框装饰。霍德斯对油画真是个彻头彻尾的门外汉。

## 27 小偷的智慧

愚蠢的警卫忘记了钻石是世界上最坚硬的物品，小偷只要用钻石就可以划开玻璃，轻松逃走。至于花岗岩底座，因为是大面积冲击玻璃，反而很难让防弹玻璃碎裂。

## 28 劫匪的圈套

吸管的口径只有不足2厘米，却有3米长，这样狭窄的空间根本无法完成空气交换，米勒吸入的正是他自己呼出的气体，所以在井水里溺死了。杰克想借这个机会除掉米勒，自己独吞劫款，可他的奸计还是被聪明的探长识破了。

## 29 清晰的指纹

根据三个人的说法，露丝和卡罗都喝的是冰镇饮料，而刘易斯喝的是白水。在炎热的天气里，冰镇饮料会让杯子外部迅速结出一层水，这样玛丽小姐留下的指

第一部分

第二部分

第三部分

第四部分

第五部分

第六部分

参考答案

纹就应该是模糊的。所以，凶手是喝了白水的刘易斯，他喝的是常温饮料，对玻璃杯没有丝毫影响，杯子上才留下了清晰的指纹。

虽然凶手进行了精心的掩饰，但百密终有一疏。